高畑充希が演じる役はなぜ忖度できない若者ばかりなのか

堀井憲一郎

まえがき

ドラマの楽しみは役者にある。

ほぼ毎日、新しいドラマが放送され、ぼんやりしてるとすぐ何作も溜まってしまうようなこの状況で、それでもドラマを見続けているのは、ストーリーを追ってるからではない。

役者を見たいからだ。

ストーリーがおもしろいことも大事だが、もっと大事なのは役者である。

物語というのは、そんなにバリエーションがあるわけではない。

細かい部分では新しい工夫が加えられるが、根本のところはいくつかのパターンどおりである。ある程度の予定調和のなかで進んでいく。だいたい大きくどういう展開をするかは想像がついていて、でも細かい工夫・小さい謎を追うことによって見続けているのだ。

大事なのは役者である。

逆説的に言えば、役者をより魅力的に見せるために、おもしろそうなストーリー展開が用意されているにすぎないのだ。

人は、人が動き、喋り、躍動しているところを見るのが好きなのだ。

ドラマを見て感動しているのは、たぶん物語に感動しているのではない。

そこにいる人そのものに心動かされているのだ。

高畑充希が、勇気を振り絞って話している、その高畑充希の姿に感動しているのだ。

綾瀬はるかが動くその身体のしなやかさに驚かされ、石原さとみが一点を見つめている表情に心がわしづかみにされている。新垣結衣が言いたいことを我慢しているその目の力に引き込まれ、有村架純が語りかけるやさしげな声に心揺さぶられている。木村拓哉の躍動感がすべて込められた指の動きに憧れてしまう。

常人ならざる〝身体性〟を見せられ、引き込まれている。「ストーリー」や「セリフ」という借り物を通し、それを大きく越え、彼ら彼女らは超越した身体性を示してくれる。わくわくする。

それが大事なのだ。

そしてこのことは、なかなか言葉にしにくい。

セリフやストーリーの良し悪し、セリフの言い方のうまいへたというのはわりと言葉にしやすいのだが、役者の身体そのもののメッセージは言葉にしにくい。でも見てる人がみんな、「感じている」ことでもある。

それを何とか言葉にしてみようと書いてみました。

ドントシンク、フィール、考えるな、感じろ。ですね。

高畑充希が演じる役はなぜ忖度できない若者ばかりなのか

目次

○人名は原則として出演時の表記としました。

高畑充希が演じる役は
なぜ忖度できない若者ばかりなのか

高畑充希が演じる役はなぜ忖度できない若者ばかりなのか

２０１９年秋クールのドラマではうまくコミュニケーションが取れない主人公が並んでいた。何やら象徴的であったが、どういう世間の意志を反映しているかはわからない。『俺の話は長い』の生田斗真が演じる男や、『まだ結婚できない男』の阿部寛が演じる男がそうだった。

なかでも『同期のサクラ』の高畑充希が印象深い。『同期のサクラ』のヒロインの北野サクラ役である。

その強さがすがすがしい

北野サクラは大手の建設会社に勤めている。

だからまったく人とコミュニケーションが取れないわけではない。

ただ自分のおもいが強く、そこのバランスがうまく取れない。自分が正しいとおもったことをやり通す。人の気持ちをうまく推し量れない。いわゆる「忖度」ができない。

日本のシステムとはあまり合わないキャラクターである。

だから多くの人の心をつかむ。

いま、自分の育ってきた環境と、社会のシステムがあまりに乖離しているため、戸惑う若者は多いようにおもう。社会を構成してる年齢層は若者がおもうよりもはるかに幅広く、社会のルールの多くは、信じられないほど古いもので構成されているからだ。気がつくと愕然とする。しかし、個人の能力でそれを打破できるものではない。

でも北野サクラは強い。

主張が強く、心も強い。

自分の主張が受け入れられなくても、心が折れない。

また、正しいことを貫き通すことによって自分が不利益を被ろうとも、気にしない。ほんとは気にしてるのだろうけれど、それを負けたとは考えていない。上司に嫌われつづけて、社内での立場がまずくなっていっても、でも悪びれず、自分を変えず、正しいとおもったことを言い、行動にでる。

とてもすがすがしい。

同時に痛々しい。

その姿勢に仲間はできるが、上司には疎まれている。

会社で浮きまくっている。

なかなか大変だ。

しかも、なぜかドラマ冒頭から寝たきりである。何だろう、とおもって、ただ見ているしかなかった。

「わたしには夢があります」

彼女はよく「わたしには夢があります」と言う。

「わたしには夢があります。ふるさとの島に橋を架けることです。わたしには夢があります。一生信じ合える仲間を作ることです」

彼女がこう話しだすと、マーティン・ルーサー・キングの声が聞こえてくるようだ。おそらく歌い調子だからだろう。声の質と伸びが、聞いていてとても気持ちいい。

キング牧師の演説も歌っているように聞こえる。

そして高畑充希が演じるサクラも歌っているように聞こえる。見事である。見応えがある。この声を聞いているだけで、彼女に惹きつけられていく。

サクラを超えた高畑充希の魅力だろう。

このドラマが始まったとき2年前の日本テレビ系のドラマ『過保護のカホコ』とちょっとキャラが似てるなとおもった。

そのドラマとスタッフが同じらしい。意図的に似せているのかもしれない。

カホコはタイトルどおり過保護に育てられ、まったくの世間知らず、とてもピュアな存在である。もちろん世間の思惑が想像できないし、忖度ができない。大人の行動が取れない。

人とうまくコミュニケーションが取れないのだが、それでも何とか人と関わっていきたい。強くそう願っている。

そういう主人公である。

共感されやすい設定だ。似たようなことで悩んでる人が多いとおもう。

ただ、彼女のような強い行動にはなかなか出られない。

サクラもカホコもキャラ設定はとても現代的ながら、その行動はとてもヒーローぽいのである。

高畑充希ならではの役どころだ。

こういう役をここまでキュートに見せるのはなかなかむずかしい。

見ていて心惹かれる存在

高畑充希という役者をまざまざと見たのは2013年秋の朝ドラ『ごちそうさん』である。

主人公（杏）の夫（東出昌大）の妹役だった。

これまた、最初はほとんど喋らない女の子だった。ときどきとてもか細い声で話すだけで、それが主人公にどんどん懐いていって、見ていて心惹かれる存在だった。

2015年にはフジテレビ系の『問題のあるレストラン』に出て、2016年にフジテレビ系『いつかこの恋を思い出してきっと泣いてしまう』にも出た。

これらは明るい役どころだった。

『問題のあるレストラン』は主演が真木よう子で、ほかにも二階堂ふみ、松岡茉優、菅田将暉という達者な面々が出ているなか、彼女は強い存在感を示していた。とても印象深く覚えている。

『いつかこの恋を思い出してきっと泣いてしまう』はヒロイン（有村架純）が好きになる男子（高良健吾）の彼女というか元カノというか、そういう役どころだった。きちんと働く女性で、そういう意味では主演二人より強い立場にいるのに、でも儚げでもあった。芯は強いのだけれど、どこか寂しげである。とても魅力的だった。

ちなみにこの『いつかこの恋を思い出してきっと泣いてしまう』は主演は有村架純で、その恋敵が高畑充希で、小さい役で永野芽郁が出て、9話と最終話のゲストに芳根京子が出ている。『とと姉ちゃん』『べっぴんさん』『ひよっこ』『半分、青い。』のヒロインが揃って出ていたのだ。『わろてんか』の葵わかなが出ていれば、2016年から2018年までのヒロイン勢揃いだったのだが、どうでもいい話ですね。どうでもいい話ついでに、このドラマはタイトルが長すぎて、だから話題にしにくいのではないか、といま、タイトル『いつかこの恋を思い出してきっと泣いてしまう』を何度か引用していておもった。

高畑充希は2016年春からは朝ドラ『とと姉ちゃん』で主演した。

2014年の大河ドラマ『軍師官兵衛』での黒田長政の妻役でも出ていた。

このあたりはとても明るい役どころである。

自分に誠実に生きる姿

2018年にはテレビ東京系の『忘却のサチコ』に主演したが、これもちょっと同期のサクラに似ている。礼儀正しくて、よく勘違いをして、でも前向きな女性。仕事が編集者なのであまり正義を貫くシーンはないが、接待やら打ち合わせやら取材旅行でいつもあたふたしている。自分のなかで事前にあれこれ考えすぎてしまう。忖度しているのだが、それが空まわりして、忖度になっていない。

そのあたりカホコ↓サチコ↓サクラは同一路線上にある。

自分に対して誠実に生きている。そのぶんちょっとまわりとずれてしまう。

そういう役をやらせたら、高畑充希はとても魅力的だ。

『同期のサクラ』では顔まで変わっている。

「ケンタッキーにしない？」というコマーシャルを見てからサクラを見ればよくわかるのだけれど、顔がまったく違う。

ヘアスタイルやメイクだけの問題ではなく、目の力だとおもう。

おそらく「黒目をどんな状態にするか」ということを意識的に操っていて、それで表情を変えているのだろう。そういう不思議な部分に惹かれていってしまう。

高畑充希が、2010年代の若者の不安をしっかり引き受けてくれている気がする。自信を持てない人をリアルに演じ、それでも生きていく姿を見せてくれる。

高畑充希が演じると、その懸命さについ励まされる。そういう存在になっている。

『同期のサクラ』は力強いドラマだった。すごく励まされるドラマであった。

生田斗真の「働いたら負けだ」とおもわせる力

生田斗真主演のドラマ『俺の話は長い』は2019年の収穫だった。

生田斗真演じる主人公は、働かない青年であった。

青年とはいえ、31歳。ここ6年働かないで、母と二人で暮らしている。

60歳くらいの母（原田美枝子）は、喫茶店を一人で経営している（けっこうモテる）。カフェではなくて、ドライカレーやオムライスを出している昭和から続く喫茶店。

それを手伝うわけでもなく、母のお使いにいって、釣り銭をちょっとくすねるという小学生のような小手先なワザを駆使して日々を過ごしている。あとは近所の人に頼まれた犬の散歩とか、草野球の審判もやっていた。審判は1回3千円と言ってたから格安である。

やってくれるのなら、うちの草野球チームでも頼みたいくらいだ。

そこへ近くに住んでいる姉一家がやってきてしばらく一緒に住むことになった。

まあ、細かい状況はどうでもいいんだが、この五人暮らしの家族の日常が淡々と描かれていた。それだけのドラマである。夕食はどうするかとか、おれの買っておいたアイスは誰が食べたんだというような些細な出来事が事件のように描かれていく。それなのにずっと見てしまった。

『サザエさん』みたいだった。

未来の『サザエさん』を見ているよう

ある意味、二十年後のサザエさんだったともいえる。

じっさいにそういうドラマも作られていたが、こちらはこちらでその〝天海祐希サザエさん〟とは別ルートの未来のサザエさんを見てるみたいだった。

とにかく口うるさい姉が小池栄子。怒ってるときのサザエさんぽい。

31歳のカツオくんが生田斗真だ。

小池栄子の旦那は安田顕が演じていて、これはかなりマスオさんだった。大人しい性格であまり自分を主張しない。

お母さんは原田美枝子で、とても温和でほとんど怒らない。フネさん。

小池栄子の娘役・清原果耶は誰なんだってことになるけど、まあ、ワカメちゃんと、タラちゃんを混ぜて成長させたような感じですね。混ぜるって意味わかんないけど。まあ、見立て遊びなので見逃してください。お父さんは亡くなっていました。残念です。

居心地のよさそうな家族なのだ。

間違ってない感じがする。そういう家族である。これが日本の家族だな、とおもわせる空気で包まれている。その空気が磯野家に近い。見ていて安心するのだ。

この家族は、いつも軽く衝突したり言い合ったりして、ずっとどこかにいてほしい。そうおもわせる存在だった。

無職31歳の主人公は、とにかく喋る。

話が長いというよりも、全般的に「めんどくさいやつ」である。

自分なりのルールがあって、それに合わせせない人に向かって、滔々と自説を語る。間違っていようが、同意を得られなかろうが、ずっと語る。めんどくさい。

離れて見てるぶんにはいいけど、喋りかけられたくないタイプである。

ただ、このめんどうな男が、見続けているうちに、どんどんおもしろくなっていく。細かいし、くどいし、セコだし、プライドが高いのだが、それが何だか愛すべき人に見えてくるから不思議である。

役者・生田斗真の味わいだろう。

彼のもつおかしみが、見てる者をどんどん引き込んでいった。気がつくと、味方になってあげたいとおもってしまっていた。してやられた、という感じである。

「働いたら、負けだからな」とおもわされた

ニート31歳だったら、働いたほうがいいよ、とおもうのが普通の大人である。最初は見ていてそうおもった。

ところが毎週見てると、変わってきた。

べつだん、無理に働かなくていいんじゃないの、とおもってしまったのだ。

それがこのドラマの妙味である。

主人公の屁理屈に辟易しながらも、どんどんそれはそれでおもしろくなってきて、まあ、おまえはおまえの考えがあるだろうから、好きにすりゃいいんじゃないの、とおもうようになったのだ。

そういうところが稀有なドラマである。屁理屈に説得されてしまった気分なのだ。そしてそれはそれで気分がいい。

「働いたら負けだとおもってる」というのはニートのセリフとして有名であるが、見てるほうがそうおもってしまった。

いや、生田斗真演じる主人公は、そんなことはいっさい言ってない。プライドが高いから、そんなことはぜったい言わないはずだ。

〝見ている私〟がおもったのだ。

おい、みつる（主人公の役名はみつるです）、おまえ、働いたら負けだからな。

そう私がおもってしまったのだ。

特殊な見方だとはおもう。見ていて、あまりそうおもわなかった人も多いだろう。お母さんやお姉さんの立場にたてば、そんなことは考えられない。

でも主人公に同化していくうちに、そんな気持ちになってしまった。

不思議な魅力のドラマだ。

ドラマ作りのうまさだろう。

主人公には、途中、彼女ができていた。

ニート31歳だけど、彼女ができた。前にも（無職時代）彼女がいたらしい。

彼女はかなりの金持ちで、年上の美人（倉科カナが演じている）。

彼女の家に転がり込んで、一緒に暮らしていた。

ほぼ「ヒモ」である。家族にもそう呼ばれていた。

姉も母もただあきれていた。

ただ、何となくそういう存在への不思議な憧れがある。ヒモの生活っていいな、と夢想したことある男性は、何割かはいるとおもう。

子供が仮面ライダーゼロワンになりたいような憧れで、男って馬鹿なのかと言われれば、そのとおりだとしかいいようがないが、でもまあ何かいいなとおもってしまう自分を認めないわけにはいかない。

真面目に働いてるのに彼女がいない男性から、なんで無職なのに彼女ができるんだよ、とも言われていた。ある種のヒーローとも言える。

そのあたりから、何となく彼の生き方もありかなとおもって見るようになってしまった。

自分でそんな生き方をしたいわけではない。

憧れることはあったとしても、自分ではそんな人生は選択しないだろうし、そもそもそういうふうに選ばれない。

でもフィクションとして見てるぶんには、主人公を応援してしまう。

そのへんの作り方がうまい。

主人公の敵は、地球を征服しようとする悪のような「世間体を考えなさい」という圧力である。その代表が口うるさいお姉さん。

このお姉さんが、弟には正論で迫ってくるのに、自分に関してはとても甘いのだ。そのへんの存在のリアルさもたまらないが、そんな姉ちゃんに負けてるんじゃないぞ、とついおもってしまったのだ。

そうなると「無理に働かなくていいよ」と応援してしまうことになる。

それにこの姉と弟は、芯のところでは仲がいい。姉の中一のときのデートを隠蔽するために弟がどんだけがんばったかという想い出話をするエピソードなんか、とてもよかった。

だからこそふつうに「姉ちゃんに負けるな」と応援してしまうのだ。

それはあっさりいえば、「いま働いたら、負けだぞ」ということになってしまう。

『いだてん』の三島弥彦も実は似ている

生田斗真は2019年には『いだてん』でも明治時代の快男児・三島を演じていた。

1912年のストックホルムオリンピックに代表選手として出た三島弥彦である。立派な髭もはやした快男児だから、ニート青年とは違うキャラのようだが、でも実は似ている。『いだてん』でも、いつまでも〝かけっこ〟なんかやってないで、実業界で働け、と兄にさんざん言われていた。それでも日本代表として明治45年にストックホルムへ向かった。

そういう役が生田斗真には合うのだろう。

『俺の話は長い』は2019年のめっけものだった。

日本人にまたひとつ「共有できる家族と茶の間」が創り出されたのだ。

岸部家（母と弟）&秋葉家（姉一家）は、週末のよりどころだった。

ニートでもいいんじゃないのというのは「働かなくても、愛されてれば、いいんだよ」という気分に支えられている。それが2019年のどこかに存在していたということだ。

もちろん母は心配しているし、姉は怒っている。姉は結婚して子供がいてしかもばりばり働いているんだから、そんな甘いことは言わない。「愛されてるだけじゃだめだから」という強いメッセージを発していた。

そのはざまで揺れ、主人公は、最後、働いてもいいよ、と面接に行くところで終わった。きちんと働いてるシーンでは終わっていない。どうなるかわからない。

ここがなかなかうまい。含みのある終わり方だった。

世間の多数だとおもわれるお母さんお姉さん派、「頼むから働いてくれよ」という気分で見れば、ついに私たちのおもいがかなった、やっと働いてくれるんだ、というメッセージとして見ていられる。

また、私のようなごくごく少数派の「みつるくん、働いたら負けじゃないのか」という考えから見ていても、これはこれでいいんである。彼が本当に働くかどうかわからないし、かなり無理なんじゃないかという気配も強かった。まあ、そんな偏屈な見方に固執しなくていいんだけど、でもそういう少数派の視聴者も裏切らない着地のしかただった。

もし続編があるなら、一年後の主人公は、「え、あ、あれね、ちょっと働いたけど、おれに合わないから辞めちゃったよ」と、しれっと言いそうにおもう。そういうドラマである。

原稿を書こうと、全話見直したあと、また繰り返し見てしまって、いま4周目である。つまり全話3回みて、いま4回めを見つつあるのだ。飽きない。というか繰り返し見てるほうが笑ってしまう。漫画のようだし落語のようでもある。見落としていた人や言葉や表情にもみんな味があるのだ。とても味わい深いドラマである。

木村拓哉が演じる役には世界を変えてしまう力がある

木村拓哉はドラマそのものを支えてきた日本の顔である。

彼なしでは平成時代のドラマ界は語れない。

日曜劇場『グランメゾン東京』（2019年10月期）の木村拓哉はひさびさに荒々しい魅力に満ちていた。

目の離せないドラマだった。

TBS系日曜9時の日曜劇場は2013年の『半沢直樹』の成功以来、〝働く男たちの逆転劇〟が繰り返し作られている。『ルーズヴェルト・ゲーム』『下町ロケット』『陸王』『集団左遷!!』『ノーサイド・ゲーム』と、毎回ではないが、男たちの熱い姿を描いている。うまくいくと、かなりの支持を集める。そうでなくてもそこそこ評価が高い。

みんな、そういう話が好きなのだ。


ある程度のポジションにいた主人公が、落ちぶれる。

ちょっとした失敗・勘違いをきっかけに、悪意ある排除にまきこまれ、裏切られる、もしくは罠に嵌められる。それまでの地位を失った主人公は、失地回復をめざし、再び戦いを挑む。熱い物語である。

見ている者は一緒に悔しいおもいをし、再び立ち上がる姿に共感し、戦う主人公を応援しつづける。

昔からある型どおりのパターンだからこそ、力強い物語である。

パターンを踏襲してどう魅力的に見せるか、ドラマ制作者の腕の見せどころである。

映画『七人の侍』のようなおもしろさ

逆転ドラマは、ある種、安心して見ていられる。

最後は逆転する。完全勝利でなくても、見てる者が納得する展開を見せてくれる。必ず「溜飲の下がるおもい」をさせてくれる。

だからこそ、作り方はむずかしい。

主人公がどうやって落ちぶれるのか、落ちぶれたときはどう振る舞うのか、再び浮上する決意はどう表すのか、そこの描き方がむずかしい。そういうシーンまでありふれたものになると、人は見なくなる。むずかしい。

すごくうまく作れば視聴率20%を超えることがある。うまくいかないと10%を切って沈んでいく。むずかしい。

木村拓哉の『グランメゾン東京』も失地回復する物語である。ただ、いままでのものとは微妙に違う。

まず会社の話ではない。町工場の話でもない。つまり組織の話ではない。

料理人の話である。一匹狼のお話。

腕は抜群に優れているが、どの店にも雇ってもらえない天才シェフが主人公だ。

おそろしく繊細な舌を持った女性料理人（鈴木京香）と、二人で店を始めようとする。

一流シェフだけど性格と前歴に問題のある主人公は、仲間を集めるのにも苦労する。

そこからがおもしろい。

一緒に戦う仲間を集めるところから話が始まるのだ。

ロールプレイングゲームでの仲間探しから描かれている。べつの言い方をすれば『七人の侍』の志村喬が浪人者を集めていくのと同じだ。ただただ、わくわくする。

同じ逆転もの、つまり憎たらしいやつを最後にぎゃふんと言わせてくれるシリーズだけど、最初のこの「わくわく感」がずいぶんと違う。素敵である。

料理のドラマということもあるのだろう。

料理の撮り方がとても美しい。

もちろん美味しそうなのだが、美味しそうでとどまっているレベルではない。

すごく美しく撮られている。「料理の美」を強く意識した映像が作られている。すべての料理を美術作品のように撮ろう、と決めて撮影されているのではないだろうか。

高級フレンチはもちろん、その素材たち、賄い、ふだんの食事までもとても美しく撮られているのだ。映像が強い。惹きつけられる。それはドラマの力になっていく。ドラマ制作への意気込みがひしひしと感じられる。

天才的な料理人だがダメ男を演じる木村拓哉

そして木村拓哉。

天才的な料理人ではあるが、人としてはダメなところが多い男。時代劇でいえば浪人者ですな。時代劇で言う必要はないんだけど。

セクシーな役だ。恋愛の要素は物語の前面には出てこないだろうけど、だからその仕事姿がきわめてセクシーに見える。惹きつけられる。

何だか木村拓哉が元通りの役どころに戻った感じがする。

木村拓哉は平成の日本ドラマを支えた俳優である。

1990年代後半の主演ドラマが次々と高視聴率をたたきだした。

そして1990年から2000年代の若者に強く影響を与えた。キムタクをそのまま真似する人は一部だったとおもうけど、彼の一部を取り入れたり、彼がいいと言ったものを身につけた男性はものすごく多かったはずだ。

ちょっとした社会的存在だった。

そのため21世紀になると、彼の主演したドラマはヒットすることを宿命づけられた。

そこそこの視聴率では批判された。関係なく見ているこっちまでつらくなるような状況だった（本人はさほどつらくおもってなかったのではないかと想像するが）。

わかりやすくスターである。

人気絶頂のスターは常に批判にさらされる。しかたがない。インターネットの出現という社会基盤の変革時期だったので、嫉妬がよりストレートに出てきていた時代でもあった。なかなか厳しい状況を生き抜いてきている。

むかしの木村拓哉が戻ってきたよう

今回、『グランメゾン東京』を見て、むかしの木村拓哉を見てる気分になった。そこがおそらく胸に迫ってきたのだ。とても個人的な風景だけど。

むかしというのは『ロングバケーション』（1996年）やその前後の時代である。有名ではあるが、まだ天下を取る前の木村拓哉。なんかとても気になる存在だったころ。『あすなろ白書』（1993年）や『若者のすべて』（1994年）のあたりだ。加えるなら『協奏曲』（1996年）『ギフト』（1997年）『眠れる森』（1998年）などの彼一人では作られてなかったドラマの時代。色気を派手に撒き散らしながら、それよりも秘めた野心が弾けるように滲み出し、それが気になってしかたなかった存在。そういう野心の時代のキムタクをこのドラマから感じたのだ。

『グランメゾン東京』の第1話、パリの街頭を借金取りに追われて走ってるシーンを見て、ああ、キムタクの走りだ、とおもいだして懐かしかった。最近、あまり走った姿を見てなかったのかもしれない。キムタクの走りは足の動きに特徴がある。べつにかっこいいわけではない。膝が内に少し入っていく走りだ。でも、その走ってる姿を見て、いろんなことをおもいだす。

何だろう。木村拓哉はとても近くに感じられるのだ。

木村拓哉の底力だろう。

彼はスターだから近い存在なわけがない。

ドラマに出たお笑い芸人に親近感を感じるのとはわけが違う。

でもドラマを見ていると、木村拓哉をとても近く感じてしまう。そういう強い錯覚を起こさせるところが彼の力である。

それが他の主演役者とは違うところだ。

大泉洋や、福山雅治や、阿部寛、堺雅人とは何か味わいが違う。いいところか悪いところか、わからない。その空気が苦手な人もいるだろう。

木村拓哉が動いていると、同調してしまう。応援するのではなく、自分のこととして見ている。不思議な気分である。木村拓哉の頑張りは、他人事ではない。自分のことでもある。

だからそういうふうに見られないと、つらいだろう。彼は見る人を選んでしまう。

他の役者のときは、ふつうに落ち着いて応援していられるのに、木村拓哉だと、役の人物と同時に演じている木村拓哉のことまで一緒に気遣ってしまう。よくわからない感覚だ。

おそらく存在感の問題だ。

自分に対する自信と不安にリンクしてしまうのだ。

だから前に進もうとする木村拓哉を見ているだけで元気になる。

鈴木京香が最初からのパートナーである。色恋沙汰はうしろにまわっている。

ここに沢村一樹が加わってくる。対立しつつ仲間ができていく過程にわくわくする。優れた少年漫画を読んでいるみたいだ。

ドラマの冒頭で、主人公はフランスでミシュランから二つ星を取った一流シェフとして登場していた。

アレルギー事件を起こし、底辺に落ちる。ただ、底辺にいるときの彼がとても明るい。

底辺からてっぺんを目指してる空気が前向きである。これが木村拓哉の気配なのだ。それがドラマのトーンを形成している。彼にはやはり「喜劇」が似合う（逆転ドラマは、すべて喜劇である）。

前へ、上へと進もうとするお話は、見ていて元気になる。

力をつけてくれるドラマだった。元気な木村拓哉が存在していると、日本も元気になれると、私はおもっている。

多部未華子の役どころは、真面目に見られる女子の苦悩を一手に引き受けている

多部未華子はだいたい「真面目そうな女子の苦悩」を引き受けている。

ドラマの役どころはそういうのが多い。

2020年放送予定のドラマ『私の家政夫ナギサさん』では彼女は裏表のある役どころのようだ。

裏表というか、会社ではばりばりに働く〝出来る女〟だが、家に帰ると家事をまったくやらない〝ぐーたらな女〟でもあるという二面性だ。特別な二面性ではなく、現実にもそこそこいるだろうというタイプである。

多部未華子は「真面目そうな女の子」という役どころが多い。

「真面目に見られる女子の苦悩」引き受け係というところだ。

ほんとうに真面目かどうかではなく「真面目に見られる」というところがポイントである。

それは、小学校だったら学級委員をやっていそうなメガネ女子でもある。ただ芯から真面目というより、いきがかり上、しかたなく「真面目なキャラ」を背負わされてしまって、人前ではそう演じているというタイプである。無理をしてるわけではないが、でも全人格を真面目だととらえられるとちょっと違うなあ、とおもう女子。ほんとは、ちゃらいキャラや、媚びキャラや、何にでもかわいいと言えるキャラでもよかったんだけど、いや、でも無理か、などと人知れず自問自答しているような女の子である。

小学生の男子は、まず、そういう女子の心持ちを理解も想像もしない。大雑把である。男子はどうしようもないんだから、と彼女はおもっていそうだが、真面目キャラだからそんなことは口には出さない。

そういう点では男子はたしかに馬鹿だとおもう。その女性観を変えずにそのまま大人になってしまう男子が一定数いるところを見ても、けっこうな馬鹿だという気がしてしまう。ほんとすみません。

がんばって真面目をやってるのに、あんまり周りがわかってくれない、というのが彼女たちの悩みどころだろう。

多部未華子がそこを受け持っている。

だから、あまり色っぽさが前に出てくる役ではない。大恋愛の華やかなヒロインとはちょっと違う。真面目女子は、恋愛を中心には生きていない。

たしかに多部未華子のドラマは、恋愛を芯においたものはあまり見かけない。

とはいえ、色っぽくないわけではない。

ひとりでいろいろ悩んでる姿は、ちょっと魅力的である。

ついつい色気がこぼれてくる、という風情がいい。

印象に残った「目の力」

多部未華子という女優を強く意識しはじめたのはドラマ『鹿男あをによし』からである。２００８年１月期のドラマで、多部未華子は18歳だった（放送中に19歳）。高校生役である。主演は玉木宏。ヒロインが綾瀬はるか。この二人は先生役。ドラマは伝奇的なファンタジーであり、奈良が舞台になっている。

奈良公園の鹿が重要な役で出演し（けっこう喋る）、その鹿に命じられ、主人公は古代から続く秘密の儀式の重要な役割を担わされる。多部未華子が演じる女子高生もその儀式の別の役を担わされていた。

主人公の教師が役割をまったく理解していないところに彼女はいらだち、最初は冷たくあしらうが、最後は協力しあっていた。日本の無事は守られた。のだとおもう。

このとき印象に残ったのは、多部未華子の「目の力」である。

「先生は何もわかってくれない」とおもっているが、それを口に出さずに、いつもちょっと怒ってるように見える女子高生を、その「目」で強く表していた。そこに惹きつけられた。

とても気になる2008年の少女だった。

その翌年、2009年春には朝ドラのヒロインを演じた。『つばさ』である。埼玉の川越が舞台。朝ドラが現代ドラマ設定で苦労している時代の作品である。

和菓子屋の娘で、母が蒸発したのでがんばって家を支えていたが、母が戻ってきてさらに大変というドラマだった。母役は高畑淳子。主人公の多部未華子は若くして家事全般をこなす真面目な女の子である。でもまあ、ふつうにストレートに生真面目というわけではない。

こういう役どころがやはり多部未華子の原点にあり、そこが彼女の魅力になっている。

内側にいくつもの感情を湛えたまま、それを外に出さずに真面目にやっている姿。それを見ると目が離せなくなる。

2010年代に入って、いくつかのドラマで主演する。
2011年『デカワンコ』
2011年『ジウ　警視庁特殊犯捜査係』
2015年『ドS刑事』
最初のころはなぜか「刑事役」が目立った。
『デカワンコ』と『ドS刑事』はタイトルからもわかるとおり、コメディタッチの刑事ものである。
『デカワンコ』では、ゴスロリ衣装の刑事で、警察犬と競うほど鼻が利くというちょっとキワモノな主演だった。音楽も『太陽にほえろ！』のものが使われていた。とても不思議な雰囲気のドラマだった。
『ドS刑事』は、タイトルほどのキワモノ感はなくて、ドSというのは「後輩たちにかなり当たりのきつい先輩女刑事」というほどのキャラクターだった。ただ、犯人逮捕のときに「長いムチを使う」という決めワザを毎回披露していた。そのへんをもってドS刑事だったのだろう。

『ドS刑事』ではそのキャラ上、きりっとした表情をしてることが多かったので、多部未華子はずいぶんかっこよかった。たしかにムチをふるう多部未華子は凛としていて力強い気配に満ちていた。

『ジウ』は黒木メイサとのダブル主演で、黒木メイサが女性初のSAT隊員となる肉体派のクールな警察官なのに対して、多部未華子はやさしげな警察官の役どころだった。わりと彼女に振られることの多い真面目系の役どころである。

多部未華子は警察官はやるが、教師役はやらない。

そこが何だかおもしろい。

先生をやったのは『浪花少年探偵団』くらいだろう。『仰げば尊し』でも先生の父が倒れたあとに吹奏楽部の指導はしていたが、あれは先生ではなかった。

そのへんが多部未華子なんだとおもう。

真面目系統の仕事でも、警官と教師ではちょっと印象が違う。警官のほうがより真面目度合いが高い。それが合うのだ。

外側はきりっと制服で過ごしている姿が似合い、それと日常（内側）との落差を描かれたときに、彼女はとても魅力的に映る。

不器用だけど一生懸命に生きる女性役

2010年代後半は、NHKドラマの印象が強い。

『ツバキ文具店～鎌倉代書屋物語～』（2017年）と『これは経費で落ちません！』（2019年）である。どちらも〝ドラマ10〟枠である（金曜夜10時）。

NHKドラマ主演という、すでに枠からして真面目そうである。まあ、NHKドラマだからっていまはさほど真面目でもないんだけれど、この2本は、やっぱ無器用だけど一生懸命に生きる女性役だった。

『これは経費で落ちません！』がわかりやすい。

会社の経理部社員役で、経理部のお姉さんはだいたいどこでも真面目で融通がきかないもので、そうでないと会社が困るんだけど、その役をぴしっとこなしていた。

「細かいことはいいじゃないの」と言ってくるぐだぐだした男性社員に対して、「それは経費で落ちませんっ！」とぴしっと言う役である。こういうのがやっぱりいい。


もちろん会社ではビシッと真面目だけど、私生活となるといろんなボロが出てくる。このドラマでは恋愛初心者というところで見せてくれた。なんか狙って真面目なんじゃなくてただ無器用だから真面目なんです、という姿が垣間見えると、なんかほわっと惹きつけられてしまう。

そのへんが多部未華子はうまい。というか、もともとの持ち味に合っている。

小学校のときの「メガネの真面目な学級委員女子」を避けていたのは、何かの勘違いだったのかもしれない、とふとおもってしまう。真面目な女子と仲良くならなかったのはただだのやっかみでしかなくて、なんかよくなかったよなあ、と多部未華子のドラマを見てるとおもってしまうのだ。

そういう気持ちをしみじみとおもいださせてくれる存在である。

驚くほど幅の広い役を演じるフェミニンな深田恭子の魅力

2019年夏のドラマは、何といっても『ルパンの娘』の深田恭子である。

そもそもの設定がすごい。

怪盗一家の娘である。ルパンの一族らしい。日本人だけど「L」の一族なのだ。

それなのに警察一家の彼氏がいるし、ミュージカル風に動く幼なじみの泥棒仲間がいる。ドラマの設定そのものが常識的な判断を超えている。

ドラマ展開がどうの、リアリティがどうの、設定がどうのと言ってもしかたがない。

このドラマのポイントは、深田恭子の怪盗姿を受け入れるか受け入れないか、だけであった。

そして多くの人が受け入れて、見続けていたのだ、とおもう。深く静かに、そして熱く支持していた。

深田恭子の役どころの設定は、怪盗一家に生まれ、怪盗技術に秀でていながら、ふつうに生きようとしている女の子というものだった。しかし、家族からの強い要請もあり、どうしても盗みを働かなくてはいけない。他人から求められるものと、自分がやりたいことのギャップに悩む、という姿がいちおう描かれていた。でもそれは設定であって、おそらく彼女の真の姿は怪盗姿にあったとおもう。

怪盗にはコスチュームがある。ボディラインの浮き出るような、前にチャックのあるボディスーツである。見ようによってはお色気たっぷりというスタイルで、怪盗となって縦横無尽に動き回る。いろいろとドラマの見せどころである。

コスチュームには特殊な仕掛けのあるスーツという説明はなされてなかったので、要は「盗みのときの決めごと」ということなのだ。これを着れば怪盗として動けるらしい。ほかの服でも同じように動けるのではないかと、ふとおもわなくもなかったが、それはこの一族の決めごとであり、芝居の決めごとであり、視聴者もそこは含んでくださいという決めごとだったようだ。

そういう意味では、昔からの（それも天明・寛政時代くらいからの）お芝居の型を守っているドラマでもあった。型どおりに進めるので、そのおつもりでいただきたい、と強いメッセージが放たれている作品だということだ。

パターン化の魅力

昼と夜とは違うヒロインをお楽しみください、という設定である。

昼は煌びやかでフェミニンな深田恭子（の演じるLの一族の娘）を眺め、夜になると（盗賊活動に入ると）俊敏な動物のように動きまわる彼女を見てご堪能ください、というメッセージである。

パターン化の魅力である。かつてのテレビでは時代劇が受け持っていた分野でもある。もともとの物語世界が持つ「繰り返しの魔力」を強く見せてくれている。ドラマ全体の流れとしても、敵対して相容れることのない仇同士の家の息子と娘の悲恋（ぽい話）というしっかりした型を踏襲している。

祖母（演じるのはあの個性的な「どんぐり」さん）の若いころを深田恭子が演じ、女学生姿やらいろんなスタイルも見せてくれた。深田恭子の変化《へんげ》がとにかく楽しい。

フェミニンだけど、強く美しい裏の顔もある、ということで、その二重性はぐっと魅力的に見える。すごく単純な構成だけれど、だからこそ深田恭子が演じると力強い。そしてこれは30代半ばの深田恭子だから見せられる魅力でもある。

女学生も働く女性も怪盗姿も、しっかり演じられる彼女が素敵ではある。それは、かなり無茶ぶりにも見える依頼を断らず、プロとしてしっかり演じきる彼女の心情まで想像して、そこに共感して、惹かれてしまっているのだ。

そんな姿まで演じるのか、と驚くほどの幅の広い役を演じ、無茶ぶりだとわかっていても引き受ける彼女の深さに心動かされるのだ。

ドラマは、ほんとはいちいち役者の心情まで想像して見るものではない。でも深キョンだとついそのへんまで想像してしまう。フェミニンな30代だからだろう。

怪盗娘ドラマから、ひたすら深田恭子の深さを感得してしまう。

まだまだ彼女の魔力には引っ張られていく時代が続きそうだ。

どんどん魅力が増している

深田恭子を最初に意識して見たのは1998年の『神様、もう少しだけ』である。HIVに感染してしまった女子高生役を演じて強烈な印象を残した。

そのあと『鬼の棲家』『to Heart～恋して死にたい～』『フードファイト』『ストロベリー・オンザ・ショートケーキ』と世紀の変わり目に（1999年から2001年にかけて）ドラマに出続け、あっという間にドラマのヒロイン役として定着していった。2001年で19歳。2020年で37歳。変わっていない。というか、どんどん魅力が増している。

2019年の『初めて恋をした日に読む話』、2018年の『隣の家族は青く見える』。2017年の『下剋上受験』『ハロー張りネズミ』などの深田恭子がとても魅力的だった。

２０１９年『初めて恋をした日に読む話』は心に残るドラマでもあった。

『初めて恋をした日に読む話』は、恋愛ドラマである。また受験のドラマでもある。主人公の春見順子（深田恭子）は塾の講師、勉強はできるけど、そのぶん恋愛にはまったく疎い。恋愛に関する機微がまったくわかっていないという設定である。順子先生には、三人の男が言い寄ってくるが、その気持ちになかなか気がつかない。ドラマ展開は、まあ、ふつうにおもしろい。言い寄る男三人（永山絢斗、中村倫也、横浜流星）の誰を選ぶのか、また順子先生が教えている底辺高から東大受験に挑んでいる教え子（横浜流星）ははたして合格できるのか、その2つのラインでお話を引っ張っている。

でも、それだけだと、ここまで熱心には見ていない。

私が気になっているのは、深田恭子のたたずまいである。それを見たいがために優先して見ている（何本か録画してるときに真っ先に見る）。

もともと深田恭子は好きなので、22年前の『神様、もう少しだけ』の昔から（その少し前から）ずっと見ているけど、でも最近出演していた『隣の家族は青く見える』や『ハロー張りネズミ』や『下剋上受験』や『ダメな私に恋してください』などと比べても、『初めて恋をした日に読む話』は目を引く度合いが違う。

圧倒的に気になる。

日常でもぼんやりおもいだしそうなくらい、気になっている。

ほわっとしていて、かわいい。三十代半ばではあるが（役設定では32歳始まり、深田恭子本人はこのとき36歳）でも、すごく気になるかわいさである。見終わったあとに心に残る。

不思議だ。

たとえば、彼女のファッションが気になってしまう。

もちろん女性の視聴者やおしゃれな人たちは、ドラマのファッションチェックをするものだろうけれど、私は（申し訳ないけど）ほぼ気にしたことがない。青い服だったなあ、緑でした、というような通りすがりの目撃者証言くらいにしかファッションを気にしたことがないのだ（悪いとおもうけど、男性視聴者の何割かはこんなもんだとおもう）。

ところが『初めて恋をした日に読む話』の深田恭子だけは、ファッションをついついチェックしてしまう。何だろう。ドラマでは一話の中でも女優さんの衣装は何回か替わるけれど（日が経つ設定だからですね）、そのたびに、あ、替わった、と見入ってしまう。

なぜか、服の首まわりがすごく気になる。襟が高い服や、タートルネックなどが続いたからか、次は首まわりはどうなっているのか、と毎回チェックしてしまう。胸元も気にならないわけではないんだけど、なぜか圧倒的に首まわりが気になります。首まわりのアクセサリーの有無もすごく細かく見てしまう。

自分にしてはとても珍しい。

深田恭子の発するファッションのメッセージにすごく共感しているのだろう。

もちろんメッセージといっても、かわいいでしょう、とか、春らしくしてみました、とかそういうメッセージだけれど、このドラマの深田恭子からは受け取ってしまう（他のドラマの主演女優からはまったく受け取っていない）。

『初めて恋をした日に読む話』の深田恭子は、少なくとも私にとっては、何か特別の存在のようだ。

ドラマの出来として、特別すぐれているわけではない。といってつまらないわけでもない。視聴率的にも大成功なわけでもないし（8％前後を推移している）、大失敗というものでもないだろう。

ただただ「塾講師・春見順子役の深田恭子」がやたら目を引いてしまうのだ。

一生懸命だけど、どこかふわっとした役どころ

恋愛ドラマではあるが、深田恭子は恋愛のやりとりよりも「塾講師」としての仕事して

いる登場シーンが多いとおもう。順子先生は東大受験に失敗して、でもそのぶん講師として必死でがんばっている姿が描かれている。

その「一生懸命だけど、どこかふわっとしている」ところがいいのだろう。

恋愛偏差値が低すぎて、いろんな感情や行動に気づかないという「ずれている」部分も含めて、ふわっと癒される。

なにげないぶん、見てると落ちつく。

塾講師ではあるが、大勢の生徒の前に立つことは少なく、マンツーマンで一人の生徒につきっきりで教えているシーンが多い。そのときの彼女がいい。

恋愛ドラマだと、わりと感情を顔に出す演技が多くなってしまう。ただ、見つめてるだけでも何か意味合いのある表情になるものだ。でも、先生が生徒に何かを懸命に教えているときは、そういう余計な表情が入り込んでこない。やさしさを含んだ真剣な表情である。

たぶんそこがいいのだろう。

恋愛ドラマは同じクールだと『僕の初恋をキミに捧ぐ』などがそうだけど、ヒロインは好きな人を真剣に見つめる、というシーンが多い。男と女が見つめ合ってるシーンが多くて、こっちとしてはそれを近くで見させてもらってる、という立ち位置になってしまう。正面きってこっちを見つめるというシーンは恋愛ドラマではあまり多用されない。

塾講師ドラマでも、もちろん正面きってこっちを見てくるわけではないが、生徒を見守っているという気配は出ていて、見ている者もその空気の中には入っていきやすい。

また三十代の女性は、「女」を出してこようとすることが多いが、このドラマでの深田恭子はそういう妖艶さや媚びが抑えられている。高校生の前だから終始真面目な態度でいる。ファッションだけがばつぐんにかわいい。その落差が強烈な引力を呼んで、目が離せなくなっている。

こういう深田恭子をただずっと見ていたい。このドラマの順子先生役の深田恭子を見ていたい。

もう一人、気になる人がいた

そしてこのドラマで気になるのは深田恭子だけではない。
じつは、安達祐実もとても気になっている。
彼女は深田恭子の同級生役だ（ちなみに実年齢では安達祐実が1つ上）。
安達祐実もまた、すごくきれいに見える。
無理なく、自然で、あ、なんかキレイだなあとおもった。
何かほっとしている。

ある年齢以上の多くの人と同じく、安達祐実は子供のころから見てるわけで、子供のころはずいぶんかわいかったけれど、大人になってからは、美人さんだけど、いつもなにか無理めな役どころで出ているなあ、という印象が強かったのだ。大人になってからもよくドラマで見かけたけど、いつもがんばってるなあ、というふうに見ていた。

『ナースのお仕事4』や『大奥』のころから、最近だと『女囚セブン』『リーガルV』など、レギュラー出演しているドラマで、きれいだし、ちゃんとしてるけど、見たいのはそういう安達祐実ではない、という感覚がどこかにありました。どういう安達祐実が見たいのかよくわからないけど、でも、そういうのじゃないほうがいいなあ、とはおもっていました（あくまで私が勝手に、だけど）。

今回の『初めて恋をした日に読む話』では、キャバクラの経営者役である。お店にも出ていてママというポジションでもあり、店員からは『社長』とも呼ばれている。主人公（深田恭子）と対照的な「恋のベテラン」という役どころである。男と女のことなら私に任せておきなさい、という性格で、高校生の恋愛から、ヒロインをとりまく男たちまで、的確にアドバイスしていく。まあ、これが見たかった役かどうかは措いておいて、でも見ていてとても自然なのだ。盛ってないし、ずらしてもいない。苦しくない。ふつうに見える。だから、ああ、この人きれいな人だなあ、とふつうにおもう。勝手に安心してしまう。『家なき子』が1994年のドラマだったから、あれから25年、なんかひさしぶりに安達祐実を見ていても心がざわつかない。つまり、子役時代の印象と関係なく、今回はふつうに眺めていられるのだ。見てる側の勝手だけれど、でも、落ち着いて見られる。

つまり、これまで安達祐実が出てくると、軽く緊張していたのだ、ということが、いまになってわかった。

三十代後半から四十代にかけての安達祐実をもっと見てみたい。やっとそうおもえる日がやってきました。そんなこと言われても困るだろうけれど。ゆったりした安達祐実を見ているのもとても和むから。そして2020年4月から『捨ててよ、安達さん。』という変な深夜ドラマが放送されて、これもなかなか良いです。

『初めて恋をした日に読む話』はとても和むドラマである。

物語を超えて、何か落ち着かせるものがあるようだ。

ドラマはべつにストーリーを追うためだけに見るものではなく、その世界の雰囲気と、俳優の気配だけでもとても楽しくなるものなのだと、あらためて感じている。

楽しくというより、「楽になる」という感じですけどね。そういうドラマが1本くらいあるのは、とてもいい。

小芝風花が見せる居場所を与えられない若者の苦悩

ＮＨＫのドラマ『パラレル東京』に惹きつけられるように見入った。

２０１９年12月1日から始まったＮＨＫ「体感　首都直下地震ウイーク」のなかで放送された全４話のドラマである（２０１９年12月だから「コロナ禍」に関してはまったく何の予想もされていなかった）。

ここではない東京で、震度7の直下型地震が起こる。東京はどうなり、そのときテレビ局の報道フロアはどういう対応をするのか。

そういうドラマだった。

首都直下型地震をリアルに描く

ドラマを毎日、見た。小芝風花を見続けた。

小芝風花は見てしまう。

今回は短い特殊なドラマながら主演。被災した東京を伝えるキャスター役だ。

とても強さを放つ女性だった。

ドラマの強さもさることながら、彼女の発し続ける空気が強く押し寄せてきて、惹きつけられた。

1話だいたい30分ほど。12月2日から5日まで4日間放送された。

初日は夜7時30分から放送だった。

何となく見たら、目が離せなくなった。

〝被災地東京〟の映像がリアルで、起こる出来事もリアルで、実際の報道を見ている気分になる。渋谷でビルが倒壊する映像が流れ、首都高4号線の笹塚でもビルが倒壊して高速道路を押し潰すシーンも放映されている。「ああ」と声が出てしまう。そういう映像だった。見知った風景で起こっている大災害だ。

もし実際に起こっていたなら、まさに被災地区にいることになる。幸いなことにバーチャル映像なので、我が身に危険は及んでいないが、だからこそリアルだった。

1995年1月の阪神・淡路の震災のときも、2011年3月の東北の震災のときも同じだった。

東北のときは東京も揺れて被害がなかったわけではないが、震源地近くと比べればとても被災地とはおもえないレベルだった。ただただ、テレビから流れてくる映像を声も出せずに見ているしかなかった。地震のあった当日に何をどうすればいいかわからず、その夜も何かをどうにかしようもなく、テレビを見ているしかなく、それだけで疲れきって眠った。そのままただテレビを見るだけの日が続き、ただ疲れ、家ではひたすら横になっていた。

ドラマを見ていると、それに近い感覚になった。

若者の奮闘が心をつかむ

小芝風花が演じるのは新米のキャスターである。

藤原紀香演じるメインキャスターは取材先で被災し、その後、連絡が取れなくなっている。メインキャスター不在のまま番組開始時間が近づき、新米キャスターの小芝風花が、私にやらせてください、と番組のメイン進行を志願する。彼女はもともとスポーツ担当のサブキャスターで、緊急報道の経験がない。かなり無茶な申し出である。

しかし、彼女が任された。大抜擢である。

不慣れな若手がはたしてこの事態をしっかり伝えられるのか、心配しながら大人は見守るしかない。

しかし、この抜擢が世界を少しずつ変えていく。

メインキャスターは、取材先で行方不明となっているが、いちおうスタジオには藤原紀香の写真が置かれ、「池上瑤子　ナイトニュース」という番組名となっている。藤原紀香が演じているのだから、どこかで彼女は出てくるのだろうとおもっていたが、ついに最後まで出演しなかった。4夜とも写真が飾ってあるだけで、連絡が取れたとの話もなかった。犠牲になったのではないか、ということが暗示されたままだった。なかなか凄まじい展開である。

また主人公と同期の若手記者も、杉並区の火災の取材に出かけ、現場に近寄りすぎたために爆発に巻き込まれた。彼もその後、登場してこない。

ドラマというものは本来、「人がどうなったか」を描いていくものである。でもこれはそういうドラマではなかった。

「東京都心に震度7の地震が起こったらどうなるのか」を描くドラマだった。本来のドラマ的な細かい部分はいくつか放擲《ほうてき》されていた。それだからこそリアルに迫ってくるドラマでもあった。

急遽、メインに座った小芝風花の奮闘が始まる。

たどたどしさを抱えながらも、自分がやると言い切った覚悟を持って、彼女は懸命にニュースを伝えていく。原稿を読むばかりではなく、細かい情報がないままのライブ映像を、見てそのまま放送をする。「絵解き」と呼ばれる作業だ。

どれもたどたどしく、拙い。そのぶんきわめてリアルである。

無理してメインのキャスターを務めているからこそ、彼女の存在感が出ていた。

若く、力量不足だからこそ、心をつかまれたのだ。

初々しく、懸命である。真面目で一直線だ。
前代未聞の東京崩壊のシーンを、ひたすら伝えようとする。
小芝風花が強く訴える声が響いてきた。
それは彼女のもつ力なのだろう。

覚悟を持った若者の力

小芝風花が登場したのは、2014年の実写版の映画『魔女の宅急便』の主役キキ役からである。しっかりと知られるようになったのはNHK朝ドラの『あさが来た』だろう。

主人公の娘役を演じて印象的だった。

主人公役の波瑠とさほど歳が違わないのに（6歳違い）母娘を演じていて、印象深かった。強い母に比べて、たおやかな風情の娘だった。おとなしいながら、自分のおもうところは曲げず、まっすぐ強い役柄だった。

そのあと、フジテレビ系の『早子先生、結婚するって本当ですか?』、TBS系『下剋上受験』で先生役を続けて演じた。新鮮な先生役だった。そのあとは『マッサージ探偵ジョー』『女子的生活』を経て、2019年、NHK『トクサツガガガ』で主役を演じる。

『トクサツガガガ』の小芝風花はよかった。隠れ特撮おたくを演じ、コミカルな役ながら、彼女が演じるととても真剣に生きている女性に見えた。

彼女はいつも、目の前にあるものに強く関わろうとしている。そういうふうに見える。彼女が演じると、その真剣さが刺さってくる。

少女ぽい風貌を残し、まっすぐな姿勢の大人を演じている。それがハマると、見てる者に強く迫ってくる。

NHKの『パラレル東京』のキャスター役は、まさにそれだった。

本来の自分の役どころを超えてるのを自覚しながら、メインキャスターを務める姿は、より見ているものを引き込んでいった。

それが小芝風花の持ち味である。

彼女はいつも「何かを伝えたい」というおもいを強く抱いているように見える。内にあるものを何とか外に出していこうとしている。その意志を強く感じる。演じている新米キャスターの「倉石美香」がまさにそうだし、おそらく小芝風花本人がそうなのだろう。

具体的な演技やらセリフを超えて、それ以前に、強く「伝えたい」という意志が感じられる。自分の内側から湧き上がってくるものだけではなく、誰かから託されたおもいも強く伝えようとしているようだ。

役者は、脚本に設定された「思念」を伝える媒体でもある。人のおもいを拾い、増幅して、それを強く出そうとする力が彼女は強い。目が離せなくなる。

まっすぐ一直線に届く力

江戸川区の川が氾濫しそうな映像を見て、「いますぐ逃げて！」という彼女の声は、フィクションであることを超えて、届いてきた。ドラマの切羽詰まった状況もあり、でも「発声者としての小芝風花」を通して、より多く、より遠くまで届いたようにおもう。

本当にキャスターをやっても小芝風花の増幅する力は通用しそうである。もちろん役者としてその「まっすぐ一直線に届く力」は多くの人を巻き込んでいく。

このドラマは、新米キャスターの声によって事態が変わっていく。

まっすぐ真剣な力が、ある種の暴走をみせ、大人を巻き込んで報道現場が違った方向へ動き出した。

彼女を抜擢した上司も、彼女の予想外の動きによって違う地平へと進んでいくのである。

無謀ともおもえる若者の抜擢。それこそが緊急時には必要なのではないか。

『パラレル東京』は、じつはそういうテーマも隠し持っていたとおもう。
大人に比べて若者はいろんな部分で劣るかもしれない。
ただそのまっすぐなおもいは、世界をよい方向へ変える可能性を持っている。

だから、もう少し若者を信じていいんじゃないのか。
現代日本は、もう少し若者たちにも場所を与えていいんじゃないのか。
そういうメッセージを感じ取った。
いま居場所を与えられない若者の苦悩が、想像できる。

小芝風花が演じていたということも大きかった。

真面目で一本気さを感じさせるところは、小芝風花はまさに朝ドラ主人公に適任のように見える。

いつかＮＨＫの朝ドラの真ん中にいる彼女を見てみたいとおもう。

ああいう人に私もなりたいとおもわせる吉高由里子の力

ドラマ『わたし、定時に帰ります。』の最終話は地震によって途中で中断された。2019年6月18日の山形沖地震で、揺れは大きかったが人的被害はさほどではなかった。最終話はあらためて翌週に放送されることになった。

ふと2001年9月11日（火）夜のドラマ『ウソコイ』の最終話放送をおもいだしてしまった。あのときもニューヨーク世界貿易センタービルのニュースでドラマ最終話が中断された。でもしばらくしてドラマに戻って続きを放送したのだが、そんな場合ではないと判断されたのだろう、再び中断されニュースになり、最終話は翌週に放送し直された。

『わたし、定時に帰ります。』は、タイトルどおりに「定時で帰るワーキングウーマン」を描いて話題になった。

仕事をきちんとこなし、定時に退社し、なぜか神田淡路町あたりを急いで駆け抜け（第1話でしか見かけなかったが）、中華料理店のタイムサービスのビールを飲みにいく女性を吉高由里子が演じていた。

しっかり働いて定時で帰ることは許されないことなのだろうか。そういう問いかけがなされたドラマだった。

組織（チーム）を優先するのか、個人を優先するのか、そういう問題でもある。

2019年7月期のドラマではなぜか「チームなのか個人なのか」というテーマが眼を引いた。おそらく『わたし、定時に帰ります。』の力によるものだろう。

定時で帰る女性は、自分個人をしっかり保つのと同時に、チームの仕事をきちんとこなしてなければいけない。そこが大事である。

彼女の仕事はウェブ制作である。チームで協力しあって進めないと仕事にならない。チームのほかのメンバーが定時を越えて残って作業をしているなか、それでも定時に帰るにはいろんな部分で強くタフでないとやっていけない。

見た目は華奢なのに（吉高由里子が、だけど）、きちんと定時に帰る女性を描き、広く共感を得ていた。ああいう人に私もなりたいといろんな人におもわせたのだろう。

ただ、物語も後半になると、いろんな状況から彼女も定時を越えて働くシーンが出てきた。婚約者との関係もふくめ、なかなか切ない展開を見せる。

「チームを優先しろ」という圧力が強いこの社会において、それをどういなしていくか、どこが限界なのかをいろいろと見せてくれた。

チームで働くということ

チームで働くというのは、べつだんわが日本社会だけの特殊な形態ではない。世界中で、みんなチームを組んで働いている。

ただ、どうもわが社会の特殊性は、そのチームへの帰属を、仕事を超えて、強く求めてくるところにあるようだ。チームで「働く」と言わず、チームで「戦う」という表現を好んで使うことも多い。

そりゃもちろんオランダでもスペインでもカンボジアでもコートジボワールでも、「過酷な状況」ではチームの一体感を強く求められることはあるだろう。緊急時の警察なり、戦闘時の軍隊なり、もしくは危険な探索を行っている特殊なチームなりは、個人の事情を超えて、チームとして一体になることを強く求められる。あくまで特殊な状況で、チームが一体化してないと生命に関わりそうな場合は、ということであるが。

わが社会ではそういう緊急性がなくとも、指導者の趣味や気分で「一体性」を求められることがある。ゆるいタスクでも戦場感を持ちたいというのは、あきらかに責任者の趣味趣向である。

もちろん責任者にも事情はあるだろう。ドラマではユースケ・サンタマリアがその役を演じていて存在感があった。ああいう役のユースケ・サンタマリアにはとても説得力がある。彼もまた悪意を持って行動していたわけではなく、それが「チームでの仕事」が個人を侵食していく深刻さを示していた。

わが社会のチーム仕事のむずかしさは、責任者はいるものの、強力なリーダーシップを取らないぶん、責任の所在が曖昧になってしまうところにある。みんなで呼吸を合わせて一体となって成功するときはいいが、何か間違ったほうへ転がり出しているとき、全員が何か変だと感じつつ、誰にも止められない。空気が人を動かしているからだ。世界相手に戦争を始めるときでさえ空気で決めてしまった社会だから、この「空気」を相手に個人で何かできるわけではない。

『わたし、定時で帰ります。』で吉高由里子が演じていたのは「敢えて空気を読まない社員」であった。空気を変えようとする超人ではないが、「読めないふり」をする勇気ある女性として登場していた。彼女の姿に元気づけられる人も多かったとおもう。

あまり肩に力を入れず、自然に、勇気ある行動をする姿はやはり吉高由里子に似合う。


吉高由里子は２００９年『東京ＤＯＧＳ』の謎めいた女性として登場してきた。小栗旬と水嶋ヒロがバディの刑事もの、そこで記憶をなくした若い女性としてその存在感を示した。このドラマ時点で、かなりコミカルさの強い謎めいた女性というイメージを抱くようになった。

２０１０年は『美丘－君がいた日々－』という「難病の恋愛ドラマ」で主役を演じた。古典的な難病もので、主人公の美丘《みおか》（吉高由里子）は自分の命が残り少ないことを知って、奔放に生きる女の子だった。彼女に振り回されながらもずっと側に寄り添う彼氏が林遣都。

溌剌とした吉高由里子が魅力的だった。

そのまま引き続き『私が恋愛できない理由』にも出演して、２０１０年から11年は恋愛ドラマの吉高由里子だった。

見せまいとしている僥さ

2013年には『ガリレオ』第二期では、刑事役だった。

『ガリレオ』は福山雅治の主演で、第一シリーズで柴咲コウが演じていたのと同じ主人公を頼りにする刑事役ヒロインである。

このドラマは主役の福山雅治のキャラと推理で見せるドラマだったから、ヒロインとはいえ恋愛がらみの存在ではない。何もできず自分の力量がないと嘆く姿が可愛いという役どころだ。

何もせず、ただどこか一点を見ている姿が、それだけで人を惹きつける空気を出していればそれでよく、でもなかなかそういうレベルの女優はいない。

柴咲コウはぼんやり一点を見つめてるときの存在感が圧倒的だった。吉高由里子は柴咲コウほどの強烈さはないのだけれど（あそこまで顔が強くない）、しかし「見せまいとし

「いる儚さ」が滲み出てくるようで、それはそれで魅力的であった。ああ、主役を張る人たちの空気はこういうところで出てくるのだな、とおもわせる力がある。

2014年には朝ドラ『花子とアン』のヒロインの花子役。

翻訳家である村岡花子を演じて、かなり魅力的であった。

そのあと3年ドラマ出演はなく2017年『東京タラレバ娘』でタラとレバーを妄想する女子で主役、2018年『正義のセ』、2019年『わたし、定時で帰ります。』、2020年『知らなくていいコト』と年に一回ペースでの連続ドラマに主演している。

『東京タラレバ娘』は、恋愛ものだったけれど、2018年以降のドラマはどっちかというとお仕事ドラマである。

『正義のセ』では検事、『知らなくていいコト』は雑誌記者。

『わたし、定時で帰ります。』をふくめて〝正義感の強い人物〟役を演じている。

『正義のセ』の検事役は、正義感のあまりやや感情的になりがちで、それを補佐役というか検事事務官の安田顕になだめられる、という役どころだった。

職場（検察庁）にはあまり敵対する人はおらず、家族もやさしく、検事のまわりにいる人はみんなやさしい、という設定だった。敵は「事件」だからだ。容疑者自身も敵でなかったりする。容疑者を取り調べて起訴するかどうかを一人で決めるのが検事であるが、検事ものドラマでは、容疑者そのものが悪ではなく、彼に事件を引き起こさせたその背景にあるもの、それが敵とされている場合が多い。検事はそれと戦う。そういう強いお仕事ドラマである。

そういうドラマで好んで主演しているように見える。

恋愛ドラマより、お仕事ドラマでの吉高由里子のほうが、たしかに魅力的に見える。『正義のセ』『わたし、定時で帰ります。』『知らなくていいコト』、どのドラマでも吉高由里子はしっかりしている。核を持っている。自分のなかで自分が正しいとおもって守っていく〝芯〟である。検事の場合は、それは社会的正義と直結するが、いつもそんな大仰なものではない。自分で決めた自分で守ることである。それを持ってるだけで、人は凜とする。見てるものが憧れる存在となる。
そういう存在に吉高由里子は合うのである。
一見たおやかで、華奢な吉高由里子が、芯を持っている姿にひかれていくのである。

ひたすら切なく古風な香り、有村架純の役どころ

有村架純といえば、まず『あまちゃん』であり『ひよっこ』だろう。

どちらもNHKの朝ドラだ。

『あまちゃん』（2013年）では主人公の母の娘時代を演じていた。アイドルになろうと上京するが夢かなわなかった女の子である。凜としたところと、切なげなところを見せていた。

『ひよっこ』（2017年）ではヒロインである。

このヒロイン役がよかった。

『ひよっこ』は朝ドラのなかでかなり特異な作品だったとおもう。

朝ドラはおよそ100作ほど作られており、数えてみるともう70作くらいはざっくりと見ていることになるのだが、記憶のなかでは、この一作だけが違っていた。

ただ一生懸命生きていた

ヒロインが何かを目指していない。いまの自分と違う上のものを目指して努力したりしない。そういうドラマだった。そして私が見た70余作品のなかでもっとも好きなドラマである。見ていてとてもとても切なくなった。

がんばっていないわけではない。ヒロインのみね子は一生懸命生きている。でも、それはアパレル業を成功させようとしたり、地域ラジオで活躍しようとしたり、旅館の経営を維持しようとしたり、棋士になろうとしたりというような、そういう派手なわかりやすい「成功」の図式を取っていなかった。

彼女は、どこにでもいるふつうの女の子であり、大望も抱いていない。それは第1話からそうで、最終話までそうだった。

ヒロインだけど、野心がない。

朝ドラのヒロインの上昇志向は、見ていて元気になるといえば元気になるが、ただ鬱陶しいだけのことも多い。空回りするヒロインの努力は、ときにただのはた迷惑なわがままにしか見えない。共感できないというか、そもそも向こうに共感してもらいたいという心づもりがなさそうで、私のことは私がやるからと、一人で突き進んでいく。ただ、ぼんやりと傍観者として見てるしかない。ここだけの話、上昇志向の強いヒロインには、かなり飽き飽きしている。ただの困った人でしかないからだ。

でも『ひよっこ』はちがった。

何かをつかもうとしているわけではない。ふつうに生き、なるべくいろんなものを取り落とさないようにしている。しかしいくつか取り落として進む人生を、それでもしっかりと生きて行く。いまを受け入れ、落ち込まず、きちんと生きていく姿。

そこに圧倒的に惹きつけられた。

ドラマの冒頭では、茨城の田舎で、家族が幸せに暮らしている。しかし父が失踪してしまう。父がいなくなったことで高校生だった主人公の人生が変わっていく。集団就職で東京へ出て工場で働き、そこが倒産したらレストランのウエイトレスになった。懸命に働いている。

東京で父を探すが見つからない。そういういまを受け入れている。

だいたいの朝ドラのヒロインは「いまを受け入れたくない」という衝動から物語が前へ進んでいく。そこが違う。

『ひよっこ』ではいまを受け入れている。見ていて気持ちがいい。それが本当に強い人間の力だとおもえるからだ。

ヒロインがめざしていたのは「1話のころのような幸せな家庭」である。そういう構成はちょっとめずらしい。

そして、そこで存在感を遺憾なく発揮したのが有村架純である。

彼女は疾走しない。強く上昇しようとしない。「自分は何者か」と自分探しをする、という愚行に走ったりしない。

やることをしっかりやって、歩んでいる。ときどき何かが失われるが、それでも歩みを止めない。たしかに、人生はそういうものである。

成功するばかりが人生ではないし、夢を抱えている人だけが日本人ではない。若者に夢を持てと励ますのは、大人のわがままなのではないか。大事なのは夢を持つことなんかではなく、しっかり生きることではないのか。

『ひよっこ』にはそんな主張を感じた。あくまで感じるレベルのひっそりしたものではあったのだが、力強いメッセージだった。

『ひよっこ』のそういう土臭い強さを演じて、有村架純が輝いていた。
『あまちゃん』で演じていたのとは、ずいぶん違う。それまでの有村架純はけっこう都会的な役柄が多かった。でも、2016年ごろから変わった。
2016年の『いつかこの恋を思い出してきっと泣いてしまう』
2017年の『ひよっこ』
2018年の『中学聖日記』

この3本の有村架純は、それまでと佇まいが変わった。

ただ、そこにいるだけで見てしまう。

彼女の存在だけで切なくなってしまう。そういうシンボリックな女優になった。

古風な「行き違いの恋」

『いつかこの恋を思い出してきっと泣いてしまう』はコメディ色の少ない、きわめて真面目で切ないドラマであった。

主演は有村架純と高良健吾。役名はそれぞれオト（杉原音）とレン（曽田練）。

ふたりの切ない恋を描いている。そんな恋の展開は「行き違い」である。

みんながスマホを持っているこの時代でも「行き違いの恋」はある、というのがひとつのテーマだったのだろう。

切なく悲しい。

恋愛がどうのという以前に、真面目に生きているのにうまくいかない人たちを描いていて、そこが切なく悲しかった。

また、「貧乏か金持ちか」「正直か嘘つきか」「田舎か都会か」という対立が描かれていた。もちろん、金持ちより貧乏、嘘つきより正直、都会より田舎、がいいんじゃないかと示唆しながらドラマが展開していく。

冒頭、北海道の田舎のクリーニング店で働いていたオト（有村架純）は、地元の金持ちに見初められ、気に染まぬ結婚話が進んでいるところだった。「おじさん、好きでもない人と結婚するのはいやです。これからもがんばりますから、ここに置いてください」と育ててくれた親戚に頼み込むが、「この、恩知らず」と罵られ、その家を逃げ出し、レン（高良健吾）のトラックに飛び乗って東京へ出てきた。でもレンとは離れ離れになる。というのが第1話。

有村架純の役は、拗ねず不貞腐れず、真面目に生きているのにあまり幸せではない。彼女を見ているだけで切ない。そういう有村架純のドラマである。

二人は好き合っているのに、なかなか一緒にはなれない。

そしていくつかのシーンが忘れられない。

1つは、第1話、知り合ったばかりのレンのトラックに飛び乗るシーン。もう1つは「レンのじいちゃんのレシート」のシーンである。

レンは会津出身で、故郷にはじいちゃんだけがいる。そのじいちゃんの具合が悪くなったので、田舎に帰って一緒に過ごすが、最後はレンのこともわからなくなり、彼に憎しみと怒りをぶつけ続け、一人、駅のトイレで死んでしまった。

真面目で正直なレンはじいちゃんのことを恨み、東京へ戻ってもとの真っ当な職業（引越し屋さん）に戻らず、詐欺まがいの人材派遣の仕事に就く。自分を罵倒して死んでいったじいちゃんが許せなかったのだ。

それを知ったオトが彼を訪れる。レンはいやいやながら、じいちゃんの最後の日々の辛さを絞るように語り、目の前で遺品を捨てる。その遺品をオトは持ち帰り、パジャマから死ぬ間際のレシートを見つける。

そして彼女は、再びレンのもとを訪れ、レシートを読み上げるのだ。

日付と、時刻、そして買ったものとその値段。それを淡々と読んでいく。
ただそれだけなのに胸に迫ってくる。
2010年代ドラマの屈指の名シーンだとおもう。
出てくるのは7話。

レシートを読む有村架純の声がやさしい。なんというか、オトというより有村架純が読んでいるように聞こえてくる。そのへんの彼女の存在感はすごいとおもう。これは有村架純だから胸に迫ってきたのだ。

「レシートです。スーパーとかそういう…………何度か病院から出掛けてたんですね。何がってわけじゃないんですが、ちょっと読んでみてもいいですか」といい、戸惑うレンをしりめに読み出す。

その声がとてもやさしい。

「9月3日。12時52分。スーパーたけだ屋。蒸しパン160円。牛乳小120円。一口ようかん80円。時間的にお昼ご飯でしょうか。蒸しパンに牛乳に一口ようかん」

レンはよくわからないまま彼女を見ている。

このまま9月4日のレシートを読み、きんつばを買ってるのを見て「おじいちゃん甘党だったんですか?」とレンに聞く。怖い顔のまま彼は頷く。

ちょっと飛んで9月29日のレシートで、家庭菜園の店で、そら豆の種、オクラの種や、熊手、軍手を買っている。畑をやめていたじいちゃんの意外な買い物にレンは驚き、レシートを手にとって見つめる。

「10月9日。10時53分。スターベーカリー。あんパン90円。13時2分。スターベーカリー。あんパン。90円」

「あんパン……」

「また同じの買いに行ったんですね」

オトはにっこりと笑う。

じいちゃんの最後の日々は、ただ怒って人を憎んでるだけの人だったとレンはおもっていた。オトはそういうのばっかりじゃなかったんじゃないかなと言う。毎日ちゃんと生活してたんじゃないか。

「昨日は蒸しパンだったから、今日は栗の蒸しパンにしよう……さっきのあんパンおいしかったから、もう一回食べよう……そんな日もあったんじゃないかなっておもいます……畑のことも忘れてなかったんだとおもいます」

まっすぐに彼女は語る。

「最後の一枚です。16時15分。みかわ商店。純米カップ酒。2本。500円。さきいか260円。お酒2本買われて、どこかで飲んだんでしょうか」

「いや……」

レンはぼろぼろに泣いている。

「じいちゃんは、自分じゃ1本しか飲みません。じいちゃんが酒を2本買う時は決まってます。種を植えたとき……（泣）……種を植えた時です……（泣）……1本は自分で飲んで……もう1本は……畑に飲ませます……」

にっこりとオトは言う。

「お酒、おいしかったでしょうね」

世界が有村架純のオトで包まれて、涙が止まらない。


そういうシーンだった。

書き写してるだけで、放送から4年たったいまでも涙が止まらなくなる。

きちんとふつうに生きている、というのは『ひよっこ』でも演じていたが、その前年の『いつかこの恋を思い出してきっと泣いてしまう』でも同じような人だったのだ。

有村架純そのものがそういう人だったように感じてしまう。

彼女は前向きで健気である。だから見ていて切ない。でも元気がでる。

胸がしめつけられるような思い

2018年、有村架純は『中学聖日記』で中学校の先生役をやっていた。担任している中学3年生男子に惹かれていく先生の役だった。

中学3年生の生徒と先生の恋、という設定はちょっとハードルが高い。

高校生と教師の恋愛というのはまだわかるが（それでも許されないですが）それが中学生となると、かなりまずい。見てるぶんに、中学生はきっついなー、とおもっていた。ドラマについていけるようになったのは、後半からだった。とても胸に迫る展開になったのだが、それはあきらめずに、見ていてつらいけど、我慢してずっとついていったからである。そんな努力をして見続ける人は少ないだろう。だから、視聴率はあまりよくなかった。

でもドラマはとても丁寧に作られていた。

人の心、恋する心をきちんと描こうとしているので、セリフでの説明が少ない。その表情の変化を追っていかないといけない。いろんな気持ちが言葉では説明されないのだ。たしかに恋愛とはそういうものだろう。

画面を見ずに音を聞いてるだけでは、肝心の部分をけっこう見逃してしまう。そういうドラマだった。

すぐれた映像の作り手たちが本気で作ると、こういう作品になる。

中学生男子が女性教師に恋する話である。

生徒はただ先生を見つめるだけである。

見つめられているだけの有村架純がいい。

先生として粛然と教壇に立つ姿を見ているだけで惹かれていく。

ここでも彼女のおもいどおりに世界は動かない。かなり望まない方向に世界は変わっていく。その現実をただ見つめ、言葉を発することなく佇んでいる彼女を見ているだけで、胸がしめつけられるようなおもいがする。

黙って立っているだけで、彼女には切なさが漂っている。

切なさで世界を覆うことのできる女優である。

学校には常に多くの人がいて、自分の想う人を見つけるには、視覚のなかで常にその姿を追うしかなく、それが習い性になっていると、見つけやすくなる。

一人を探し、見つめ続けるのは、誰もがおぼえのある「切なさ」である。

有村架純はいつも切なそうに見える。

彼女が切なそうに立っていても、どうしようもない。何もしてあげられない。その気配を強く感じさせるから、よけいにその表情が迫ってくる。

彼女は、何か主張してくるわけではなく、求めてるわけでもない。ただ、ふつうであればいいのにと念じているのに、それさえも叶わない。そしてそういう現実をただ黙って受け入れている。

ドラマ前半の最後（第5話）、婚約者（町田啓太）の運転する助手席に座って、問題の町を去ろうとしているとき、教え子（岡田健史）が自転車で追いかけてくる。一瞬だけ振り返るがあとは前を向き、でもバックミラーごしに彼を見つめている。

少年は自転車ごと転び、そのあとはただ走っている。追っかけながら「おれ、進路、決めたから」と叫ぶ。このあいだ彼女はひと言も発しない。でも自転車で転んだときと、起き上がって走り出したとき、少し目を見開く。強くバックミラーを見つめる。ただただ、その表情だけですべてを物語っている。彼女はついに少年に何も言わないまま去っていく。そういうドラマだった。

感情を出さず、でも目の表情だけが少し変わる。それですべてを表している。

ただ彼女はこらえているだけなのだ。
それが有村架純である。

彼女を見かけるだけで、心がざわついてしまう。
そういう存在である。

二階堂ふみが醸し出す妖しい世界

2020年の朝ドラ『エール』は作曲家夫婦の物語である。

ドラマの23話（4月29日放送）で、主人公・古山裕一（窪田正孝）はいきなり音（二階堂ふみ）へ結婚を申し込む。豊橋に住む彼女は、裕一が世界的音楽コンクールに入選したと新聞で知り、熱烈な恋文を福島の裕一に送り続ける。文通で愛を深めて、やっと初めて会うと、そのまますぐに結婚を申し込んだ。

もともと二人の交際を認めているわけではない双方の親は驚く。

古山裕一の父（唐沢寿明）はあわてて息子にこう言ってしまう。

「裕一、目ぇさませ、よぐ見ろ。一見、かわいくみえっけど、慣れりゃどこにでもいる顔だ」

あわててるにしても失礼極まりない発言である。

結婚にあせっている息子に対して、少し冷静になれと言おうとして、言葉が過ぎたのだろう。セリフだから、登場人物の音のことを指してもいるのだが、言っているのが唐沢寿明だというのもあって、ひょっとして二階堂ふみについての発言ではないかとおもってしまった。「よぐ見ろ、一見、かわいぐ見えっけど、慣れりゃどこにでもいる顔だ」のあと、このあとの欧州留学が決まっている息子に向かって「むこうに行けばもっと美人がたくさんいる」というのである。気の強い音(二階堂ふみ)は人を美醜で判断するな、と怒り出す。たいへんコミカルなシーンであった。『エール』の楽しさは、このコメディじみた展開にある。唐沢寿明が最初のころのその部分を大きく担っていたので、主人公が上京後にはあまり登場しなくなったのは残念だった。

二階堂ふみは、どこにでもいる顔ではないだろうけれど、たしかに、一見かわいぐ見えるけど、でも落ち着け、それほどでもないぞ、というのに納得してしまった。申し訳ない。

男性と立つと、男性を凛々しくさせる

二階堂ふみのドラマとして、ぱっと浮かぶのは『フランケンシュタインの恋』である。２０１７年春のドラマである。

主演は綾野剛だけれど、彼が演じているのは人間ではない。人造人間である。怪物、明治日本生まれのフランケンシュタイン。人間の主演は、だから二階堂ふみだったとも言える。彼女は女子大生役。真面目な女子大生で理系女子。菌類を熱心に研究しているので柳楽優弥に「キン女」と揶揄されている。

女子大生らしく、『フランケンシュタインの恋』のときの二階堂ふみはとてもかわいい。

怪物・フランケンシュタインこと深志研（綾野剛）は人間世界のことを何も知らない。たまたま彼と遭遇した津軽継実（二階堂ふみ）は、彼を人間の世界へと連れていく。そのためいろんなことを教えていく。少し母のようである。その親切さがなかなか沁みるようにいい。

また物語内でのポイントとなる「120年前の恋」では明治時代のお嬢様役を演じて、これが似合うのだ。そういう古風な衣装も似合い、清楚な佇まいが二階堂ふみにはかなり合っている。

この『フランケンシュタインの恋』では、きちんとヒロインの役を割り振られ、かわいい衣装がわりととっかえひっかえで登場して、目を惹く。なかなかかわいい。

それに、二階堂ふみが綾野剛と二人立って並んでいると、とてもかわいく感じられる。これは朝ドラ『エール』で窪田正孝と並んで海岸に立っているときも同じだった。

わりと背の高めの男性と並ぶと、何だか、サマになるんである。

二階堂ふみはそんなに背が高いわけではない。どっちかというと女優としてはやや低いくらいだろう。その彼女が、背の高い男性と並んで、その身長差を見ると、ああ、何かいいなあとおもってしまうんである。彼女がかわいく見えるし、一緒に立っている男性がとても凜々しく見える。

横に並んで男性と立つと、男性を凜々しくさせる、というのが、じつは二階堂ふみの持ち味ではないだろうか。

２０１９年春には『ストロベリーナイト・サーガ』に主演している。

女刑事役。

その7年前、２０１２年に竹内結子主演で放送された『ストロベリーナイト』のリメイクである。

かなり不思議な作り直しなので、いろんなことを言いたい人がいるようだった。それはしかたがない。

ただ、そういう経緯とは関係なく、初見のドラマとしてみれば、やはりきちんとしたドラマだったとおもう。7年でリメイクという方針はたしかに意味不明で、そのポイントで評判がよくないのはわかる。それを別にして新たなドラマとして見るぶんには、おもしろいドラマである。少し変えられた部分も多く（もともと主人公のキャラ設定が変わっているからでもあるが）、ドラマとしてのおもしろさは充分である。

二階堂ふみは、刑事役が合っている。

竹内結子主演は竹内結子の良さがある。

ストレートに力を見せる女刑事だった。

比べて、二階堂ふみのほうは、少し屈託がある。ストレートな気持ちが（たとえば犯罪者に対する怒りが）いちどどこかで止められて、違うルートを通って出てるように感じられる。それが見ようによっては不思議な魅力なのだ。ここにはなぜか〝場末の空気感〟を感じられ、そういう空気が懐かしくて見逃せないのだ。

いくつもの屈託を抱えた昭和くさい女刑事像

主人公の女刑事はノンキャリアながら、27歳で警部補という異例の出世をしている。

そして美人である（原作の設定がそうなっている）。警察内にも彼女のファンがいる。

井岡巡査部長（もとキングオブコメディの今野浩喜）や監察医（伊武雅刀）らが一方的に彼女のことを好きなキャラとして登場してくる。前作ではそれぞれ生瀬勝久と津川雅彦だったのだが、このへんの味わいが違う。今回のほうが、二人の「固執」が際立っているように見える。そしてそれによって古い「女刑事もの」にように見えるのだ。

パワーを持つ女性に周辺の男性が引っ張られていくというパターンは、昔からあっていまも盛んに制作される物語構造ではあるが、昭和に作られていたものは強い男性社会を基盤にして〝異端の女性〟感がとても強かった。その空気に近いものを感じてしまう。昭和くさいのである。

この「いくつもの屈託を抱えた昭和くさい女刑事像」がなかなかたまらない。

途中、7話からヤクザ役の山本耕史が登場し、二階堂ふみの女刑事が惹かれていく。背徳の香りが高い。

ライバル刑事（江口洋介）に「あいつはな、真面目な男よりもやべえ男に惚れちまうような女なんだよ」と言われ、本当に惹かれていくサマが「堕ちる女」という空気感がたっぷりだった。ふと、1970年代の石井隆の劇画の世界をおもいだしてしまう（ただの個人的な連想である。似てるわけではない)。

ヤクザと女刑事の道ならぬ恋というのが、一周まわって、新しく感じられた。昭和のころの王道路線、その退廃的な香りが、平成を越えて令和に入って(ドラマ放送中に改元)とても新鮮だったのだ。

ベタだといえばベタである。

そのぶん、ぞわっとした。何か体感的におもしろいのだ。


このドラマのポイントは、二階堂ふみの丸っこい顔でも「敏腕刑事」に見えるかどうかというところに尽きるのだろう。横顔になると、かなり幼く見える。それでいて暴力的な現場の一線で活躍している。私はそういうところが見ていて飽きない。

「7年しか経ってないのにリメイク」には、それなりの理由があるのだとおもう
ひとつは「わかりにくい世界を整理する」という狙いがあるのではないか。ついそう憶

測する（あくまで憶測である）。

前のシリーズはやや不親切だったようにおもう。少なくとも私はそう感じていた。

竹内結子の『ストロベリーナイト』は連続ドラマの前にまず2時間ドラマが放送された。それが第一作である。

連続ドラマは、その続きとして放送された。

連続ドラマ開始直前にそのもとの2時間ドラマは再放送されたのであるが、それを私は見ていなかった。そのぶん、本放送ドラマ第1話から見たが、何だかすこしわからない部分が残っていた。きわめて不親切だったとおもう。

「なぜ姫川玲子が警察官をめざしたのか」というエピソードは、竹内結子シリーズではプロローグ編でしか描かれず、本編では触れられてない。

それが今回の二階堂ふみ版では、きちんと取り込まれていた。回想の形で第4話に入っていた。このエピソードが見事だった。前回に比べ、じつに丁寧に作っていた。このへんを高く評価したい。警察は一般人に少し親切でなきゃいけません。

この第4話「高校時代の姫川の裁判シーン」は強く心に残った。

主人公の姫川玲子は高校生のとき連続婦女暴行事件の被害者になる。入院中の彼女に根気よく寄り添いケアして心を通わせた女性巡査が、その暴行犯逮捕のときに殉職してしまう。

法廷で証言に立った高校生の姫川玲子に向かって、犯人の弁護士は「合意しての行為だったのではないか」と侮辱的な言葉を投げかけてくる。そこで姫川玲子の怒りが爆発する。怒り、叫び、犯人を糾弾しようと暴れる。

今回、若い姫川を演じていたのは八木優希。朝ドラ『ひよっこ』で主人公と会社の寮で同部屋だった病弱な役をやっていた子だ。殉職した女性巡査役は「ビズリーチ！」のＣＭの吉谷彩子である。

法廷で激昂した高校生姫川玲子は、殉職した巡査の覚悟もバカにしているのかと廷内で叫び、係員たちに取り押さえられる。そのとき傍聴席を埋めていた警察官たちが立ち上がり、悲壮な表情で敬礼をする。姫川も廷員たちも驚き、傍聴席を見ると、全員が次々と立ち上がり、きれいに敬礼する。

そういうシーンだった。

ベタである。

ただ泣ける。衝かれたように泣いてしまった。見返すたびに泣いてしまう。

同じシーンは2010年のプロローグ編にもあった。ただ、2010年版では、ここまで胸に迫らない。まったく同じ題材で、同じシーンであるが、訴える力がかなり違う。

簡単に言うなら2019年版のほうが丁寧に作れれていた。

女性巡査と姫川の接触が丁寧に描かれる。そしてそれぞれの母親がやさしく悲しい気配で登場する。

法廷での姫川を演じる八木優希も、静から動への転換が見事で、胸を衝く。

そのあと警察官が次々と起立して敬礼するシーンの描き方もきちんとしていて美しい。

すっすっすっと自然に全員が立ち上がる。姫川と殉職巡査の親だけが驚いて着席のままである。その対比も含め描写がじつに丁寧だった。

2019年二階堂ふみ版のこのシーンの底には「やさしさ」が流れていた。なぜ、そう感じたのかよくわからないが、その空気に強く胸を衝かれた。

2012年竹内結子版を見返して感じるのは「きびしさ」である。犯罪被害者の厳しさ、殉職する現実の厳しさ、そういうものが迫ってくる。

そしてそれは竹内結子が醸し出しているものと、二階堂ふみが持っている雰囲気の差のようにもおもう。

申し訳ないが、私は二階堂ふみ版のほうが好きである。

4話の法廷シーンは41分ころから3分余りである（CM込みの放送の時刻）。もし見る機会があったら確認して欲しい。繰り返し見てると、高校生役の八木優希の演技の幅が利いているのがわかる。彼女のやさしい雰囲気と一撃の鋭さが、いくつもの空気を切り裂いていく。

内容を型どおりに、ある意味ベタに作っていくドラマと、二階堂ふみは見事に合っていくのである。

彼女が受け持っているのは、先鋭的な現代ではなく、丸っこくされてしまった過去の部分でもあるようだ。

「引いた役」が合う

朝ドラ『エール』では、主役ではなく、主人公の妻という立場ながら、でもとても朝ドラのヒロインらしい役まわりである。

自分のやりたいことを曲げない。

古関裕而がモデルである古山裕一について、新聞記事でその存在を知って、気に入って、手紙のやりとりだけで結婚してしまう。

かなり強引である。

そして、結婚したあと、音楽の学校に進み、音楽家になろうとする。やがて妊娠したのがわかっても、学校を辞めようとしなかった。学友や姉に「あなたは強欲」と言われて、それでもあきらめなかった。

ヒロインがやや意味不明なわがままを展開しても、それを我慢して見守るといのが朝ドラの展開のふつうのパターンだが、『エール』では「主人公の妻」なのにそういう役を演じていて、これはちょっと珍しい。二人それぞれが夢をめざしていて、並行して描かれている。

でも、二階堂ふみには、欲張って頑張りすぎてる姿はあまり似合わない。

感情的になって大きな声を出すのがあまり得意には見えない。子供に見えてしまう。

もちろんそういう部分があって、前に出ていく元気な姿が前フリで見せられていて、それでいて清楚な部分、引いた部分、というのが垣間見えるととても魅力的なのである。

元気がいい役というのをふつうにこなせるのでそういう役を演じてるのが多いようにおもうが、私がおもうかぎりは、二階堂ふみに合っているのはもっと「引いた役」である。

つまり明治時代のお嬢様のような役どころである。『エール』はお嬢様ではないですね。『フランケンシュタインの恋』で見せていた（二役でやっていた昔のほうの）役がいちばん合っている。元気な役どころであっても「静かな部分が見せ場」になっているのがいい。『エール』では（まだ前半部分までしか見ていないが）ところどころ魅力的な部分はあったが、いまのところ見せ場になっている部分は少ないようにおもう（主人公じゃないから、しかたのないところなんだろうけれど）。

いまだに間違って配役されていることが多いんじゃないか、とおもってしまう役者さんである。顔や表情が強いけれど、性格まで強い役ではないほうが、彼女は魅力的である。

石原さとみの演じる役は、なかなか幸せにはなれていない

石原さとみは途切れずドラマで主演を続けている。

2020年の『アンサング・シンデレラ　病院薬剤師の処方箋』は4月に始まるはずだったが、少し放送開始が遅れている。

2019年夏は『Ｈｅａｖｅｎ？〜ご苦楽レストラン〜』

2018年は2本、冬（1月期）に『アンナチュラル』、夏に『高嶺の花』

2016年秋に『地味にスゴイ！　校閲ガール・河野悦子』

2015年秋は『5時から9時まで〜私に恋したお坊さん〜』（表記は『5時→9時』）

2014年秋に『ディア・シスター』

なかなか豪華絢爛である。

2010年代後半のドラマは、少なくともその一部は石原さとみが支えていた。

石原さとみは華やかだ。地味めの格好をしていても目立つし、豪華に飾りたてると引き立つ。

丸っこそうに見えて、尖ってる部分がある。それが石原さとみの魅力だとおもう。

魅力的にわがままであり、蠱惑《こわく》的にやさしそうなのだ。

そういうのにだいたいたいの男は弱い。

登場したときから華やかだった

石原さとみが、NHK朝ドラ『てるてる家族』でヒロインを演じたのは2003年の秋である。

よくテレビで見る子が主演になったんだな、とそのときおもっていたから、無名の女優の大抜擢というものではなかった。

同2003年4月期にはドラマ『きみはペット』に出演していたし、コマーシャルでも見ていた。ドラマはたぶんそれ一本しか見てないはずだから、コマーシャル露出がかなり大きかったとおもう。『きみはペット』の役もかなり印象的な女子高校生だったけど。

そういう意味では、登場したときから華やかな女優だった。


『てるてる家族』はミュージカル仕立てという、朝ドラにしては珍しいドラマだった。それでもさほどの違和感がなかった。おそらく石原さとみの天真爛漫さと合っていたからだとおもう。彼女の芯にある陽気さは世界を大きく包んでくれそうなのだ。

石原さとみは四姉妹の末っ子で、三女が上野樹里、二女は上原多香子で、長女を紺野まひるが演じていた。長女だけ、初めて見るなあ、とおもった。これ以降、紺野まひるを見るたびに、いつも、あ、一番上のお姉さん、とおもってしまう(16年経って朝ドラ『スカーレット』に出てきたときにもそうおもってしまった)。

『てるてる家族』のあと3か月後に『WATER BOYS 2』(ウォーターボーイズ2)に出演した。高校の部活のドラマである。青春ドラマそのものである。朝ドラのヒロインが、朝ドラ終了まもなくに「高校生」役の青春ドラマに出るのは新鮮だった。

2005年には大河ドラマ『義経』では静御前を演じ、2006年には『N'sあおい』でナース役で主役を演じた。


このあと、コミカルな役が多くなる。コミカルというか、やや胡散臭い役でもある。『パズル』でのひたすら金に貪欲な謎解き高校教師、『霊能力者 小田霧響子の嘘』での能力がまったくない霊能力者、などである。

行動の動機は、だいたい自己保身である。自分勝手に動き回る。それがめぐりめぐって人のためになる(こともある)。そういう役だ。

いわば元気溌剌まっすぐな女子高生役のまま進まずに、ちょっとやさぐれた感じの役を演じていたのだ。

このころの石原さとみがとてもいい。

たとえば『霊能力者 小田霧響子の嘘』では霊能力なんかまったくないのに、霊能力者としてテレビで活躍するインチキ能力者の役である。でも刑事（谷原章介）と協力していろいろ事件（謎）を解いていく。地道に捜査して地道に解決して、それを霊能力者のように見せるという、この役がいかにも石原さとみらしい。

石原さとみのポイントはお嬢様気質・女王さま気質にある。

まわりが丁寧に扱ってくれなくても、そのお嬢様気質は捨てない。周りが崇めてくれない場合は、自分で努力して努力して人より上に立って（たとえば難事件を一人解決して）、それで認めてもらって満足している。その姿がいかにもいまどきの女性らしくて、それを石原さとみが演じると、納得するし、惹きつけられてしまう。

高笑いして高飛車な「表の顔」と、地道に努力しつづけてる「裏の顔」を持っているのが「圧倒的に華やかな石原さとみ」らしいのである。

無理してでも派手に見せようとする「お嬢様・女王さま気質」があってこその石原さとみであり、「説得力をもつ美人」なのだ。

もっともその部分が出ていたドラマは2014年の『失恋ショコラティエ』だろう。主演は松本潤。彼が高校時代から1つ上の先輩女子（石原さとみ演じる紗絵子）のことでずっと彼女のことを想い続けている。主人公の心を惑わす魅力的な女性として、出続けている。主演は松本潤だが、ドラマを見て心に残るのは圧倒的に石原さとみだ。ひたすら憧れ続ける女性として、そして彼女にはなってくれないくせに何故かいつも近寄ってくる女性として惑わしつづけてくれる。困った存在なのに、ぜったいに嫌いになることがない。そういう女性である。「お嬢様気質」全開の石原さとみは魅力に満ちている。

私のことを大事にして！という気分

2012年『リッチマン、プアウーマン』や2015年『5時から9時まで～私に恋したお坊さん～』、2016年『地味にスゴイ！校閲ガール・河野悦子』などでは、こころざしは高いのだが現実には恵まれない役どころだった。

『リッチマン、プアウーマン』では高学歴（東大卒）ながら就職ができなくて悩んでいる大学生、『5時から9時まで』ではニューヨークに憧れ英会話教室の教師をしているがいきなり寺の住職に求婚される。『地味にスゴイ！校閲ガール・河野悦子』ではファッション雑誌の編集者になるつもりでファッション決め決めで出版社に入るが、地味な仕事の校閲にまわされる。

理想は高いが、現実にことごとく裏切られる。おそらく石原さとみは「現代女性の苦難を代表して背負っている」のである。

苦難を背負い、文句はところどころで言うが、自分でできることはできるかぎりやる。可能な限り事態を変えようとする。

でもなかなかうまくすすまない。

そういう苦難を背負っている。

その苦難は「私のことを大事にして！」という気分がもとにある。想像するに多くの現代女性の心根に存在する強い叫びなんじゃないだろうか。石原さとみはそれをそのままストレートに出す。そして受け入れられない。努力する。何とかなる。

そういう現代のシンデレラ物語なのだ。そういえば、石原さとみの役どころは金持ちと恋愛関係になることが多い。それもポイントだろう。

そして2018年には1月期に『アンナチュラル』、7月期に『高嶺の花』に主演した。対照的なドラマである。

『アンナチュラル』は法医学の解剖医である。(ちなみに9年前の2009年には『ヴォイス』で法医学を志す医学部生を演じている)。

事件や事故によって「不自然な死」を迎えた遺体解剖から事件の真相に迫っていく。刑事ものの一変種であるが、このドラマは構成が見事だった。

石原さとみは子供のころに親が起こした一家無理心中に巻き込まれ、ただ一人生き残った少女だった。そのためいくつかの特殊な能力や考えを持っている。それぞれのキャラの設定を生かした展開と、全話(10話)を通した大きな事件の追求を見せる展開がみごとで、どんどん惹きつけられるドラマだった。

それぞれが背負っているものはかなり重く(特に石原さとみのミコトと、井浦新の中堂)

また扱っている事件が悲惨なものが多いのだが、ドラマのトーンは暗くない。そこには石原さとみが根から持っている明るさが出てたからだ（加えて市川実日子、窪田正孝、松重豊の明るさもだけど）。

このドラマと主演の石原さとみの評価が高いのは、その重厚さと軽さが並立していたところによる。

崇高で、勝手で、純なる存在

同年7月期には『高嶺の花』に主演した。

これはすこし変わったドラマだった。

一話の冒頭から破壊的だった。

バーニングラブの音楽に乗せて、自転車で疾走する石原さとみ。警察官に連行されストーカーだったとわかり、そのあと自転車で川に転落する。自転車修理店に自転車を持ち込み、着替えを貸してくれと言い、自転車店の二階で茫然とたたずむ石原さとみ。

スリリングな始まりだった。
うちひしがれ、投げやりな石原さとみが美しかった。

ただ、ストーリーはけっこうキワモノ的であった。

「華道家の跡目争い」という縦の筋と、「身分違いの恋」が交錯し、「血縁関係のない家族」を舞台に展開していく。一般人たちの話ではない。見ていて同化しにくい世界である。そしてその人間関係の表面をなぞるようにドラマは進む。

ドラマはあるが、物語はない。
ある意味「石原さとみのきれいさをただ眺めるためのドラマ」でもあった。
彼女は華道家という〝芸術家〟の役を演じている。天才的な芸術家であることが、このドラマのポイントである。芸術家は、自らをすすんで過酷な状況に追い込んでいく。それを乗り越えていくことによって、芸術家としてのさらなる高みを目指していく。言ってしまえば破滅型でもある。いまどきあまり流行らない。

そして、このドラマの構造そのものも破滅型で作られているようだった。石原さとみに、彼女らしからぬ役を振り当て、それに乗り越えていけば彼女がより輝くという無茶な企画性を感じてしまうのだ。かなり大仰な演技が必要な大ぶりな役であり、それを越えた石原さとみが切り裂くように見せる妖艶さがすさまじい。


脚本は野島伸司である。

狙った生硬さや、観念性は、野島伸司作品おなじみのところである。純なるものを描きながら、常にその純粋さは邪悪さに浸潤されていく世界が提示される。


「聖と俗」に「善と悪」がからむ。聖が善とはかぎらない、そういう構図である。今回の『高嶺の花』でも同じである。

「芸術」が、「美」であり「聖」であり「純」である。恋愛はその対立項目で「俗」とされ、このドラマでは下に見られている（野島作品独特の見解です）。

芸術を作るというのは、「聖なる存在による純粋な行為である」と規定され、純粋な行為には、俗なものを犠牲にしないといけない。つまり華道家は、恋愛などにうつつをぬかしてはいけない、というのが前提で作られた世界である。観念的で無茶苦茶な宇宙だともいえる。

その「崇高で、勝手で、純なる存在」を演じられるのは、いまは、石原さとみをおいて他にはない、というメッセージをひしひしと感じた。

この観念的で無茶な役は、石原さとみだからできる。石原さとみにしかできない。「女優としての圧倒的な妖艶さ」が垣間見えて、それでいろんな「ドラマとしての無茶すぎる部分」を乗り越えていこうとしたようである（残念ながらそれでは乗り越えられない凄まじい展開のドラマでしたけど）。

８話の最後、助けられた彼女がじっとこちらを（助けてくれた男性を）見ているシーン、それはクルマのドアが閉められるまでのわずかのあいだでしかなかったが、それだけの姿が圧倒的だった。見てるものの心をとらえて永遠に離さないような力があった。この表情が「すべてを超える純な存在」を表していて、たしかにこの力を持てる女優は少ないだろう。

強く刺さる。

石原さとみを見ているのに、もっと別の存在にさえ見えてくる。

自分の人生にも、こういう強い表情で見つめられたことがあったのではないか、と記憶のどこかを強く刺激されるような表情だ。何か、忘れていたものを強く喚起される。ドラマを見ていて、あまりそういうことは起こらない。でも石原さとみをもってすれば、そういうことも可能だった。

やたら説明的で過剰で、展開が頭に入ってこないドラマであるが、石原さとみの映像だけが突き刺さってくる。そういうドラマだった。再見するにはかなりの気力が必要である。

だからこそ、ただ石原さとみの美しさを眺めるドラマでもあった。

2019年には『Heaven? ～ご苦楽レストラン～』に主演。人気の出ないフレンチレストランをシロウトたちで再建しようというドラマで、おもしろくなりそうな要素はたくさんあったのだが、うまく結実しなかったドラマである。

このドラマで、石原さとみはあまり売れないミステリー作家である。レストランの中心にあり、小説家であるから、わがまま言いたい放題、世界の中心に存在しているが、でもどれもうまくいってなかった。あいかわらず苦難の中心にいる存在だけれど、あまり「現代女性の苦難」は引き受けてなかった。そのぶん関心は低かったようにおもう（それだけが原因じゃないけれど）。

あくまで「お嬢様気分・お姫さま気質」を全開にして、どこまでも明るく、迷惑をかけながらもみんなを巻き込んでいく中心にいる。それが石原さとみである。そういう石原さとみを見続けていたい。

戸田恵梨香の「どんな役でもやれる」という役割

戸田恵梨香が朝ドラのヒロインをやると聞いたときは驚いた。

30歳を越えての主演ということもそうだが（戸田は1988年8月生まれで、ドラマは2019年9月30日開始）、ドラマで何本も主演をしている中堅女優が、かつて爽やかフレッシュな女優の登竜門であった「朝ドラヒロイン」を演じるのが驚きだったのだ。

戸田恵梨香に注目したのは『ライアーゲーム』（表記はLIAR GAME）で、2007年である。23時台の遅めのドラマだったが、この枠じたいが新設だったということもあり、注目が高かった。

すぐ人を信じてしまう純な女の子を演じていた。

それ以来、『コード・ブルー―ドクターヘリ緊急救命―』、『BOSS』、『SPEC〜警視庁公安部公安第五課 未詳事件特別対策係事件簿〜』、『リバース』、『崖っぷちホテル!』『大恋愛〜僕を忘れる君と』とさまざまな話題のドラマに出演し、いくつも主演を果たしている。女優として大御所とはいわないまでも、やがて大御所になるだろうという中堅どころの女優だったのに、そこから朝ドラに主演したから驚いたのだ。

『スカーレット』では、30歳を越えた戸田恵梨香が中学生を演じるというやや無理めの展開も見せながら(中学生だったのは少しだけだったが、そのあとの16歳から18歳くらいの「大阪篇」はそこそこ長かった)、若くて軽い少女時代から、陶芸家となって太い生き方を見せるヒロインを演じて、見応えがあった。あまり朝ドラって感じじゃなかったですけどね。陶芸家になってからの強さというのは、家族(結婚相手)さえも逃げ出すような頑固さをともなっており、芸術家でもないふつうの人間が見ていて、なかなか共感できるものではなかった。まあ、織田信長のドラマを見ていて信長にはあまり共感しないようなもので、共感できなくてもその人が魅力的だったら、それでおもしろいからべつにそれでいいんである。そしてそういうふうに作られていた。朝ドラとしては珍しい。

そういう強さを持ってる人でないと、ドラマ終盤の少々悲劇的な展開に耐えられなかっただろうから、あれは戸田恵梨香だからこそ演じきった朝ドラだったとおもう。

戸田恵梨香がどんな役者なのかというと「幅広い」としか言いようがない。いろいろあっちとこっちへの振れ幅が広く、「何をやらせても何とかする」というところが特徴である。

ひとつ言えるのは「女らしい色気たっぷりの役」ができるし「抑えているが色気がこぼれ出る役」もやれるし「まったく女を感じさせない色気なしの役」もできる、という広さである。

そういう役者は少ない。

いろんな役を演じるが「どうしても全部、色気が滲み出てくる」なのか「なんだかどれもさほどの色気が感じられない」というのがふつうなんである（だいたいの役者は前者である）。

でも戸田恵梨香は、どっちも行き来する。

それは「呼吸してもしなくても、まあ、大丈夫ですよ」と言ってるくらいの凄みのあることだとおもう。

役者としての幅の広さ

2007年、主演として真ん中に出始めた最初、『ライアーゲーム』では「バカ正直のナオ」という役で、人の言うことを何でも信じちゃう純粋な女の子の役だった。

ライアーゲームはその名のとおり、嘘をついてもいいゲームで1億円とか2億円をやりとりする「人生を破壊してしまう」ゲーム大会である。

そういう修羅のゲーム世界だからこそ純な子が強いのではないか、というテーマで描かれていたドラマである。

それ以前のドラマ出演(『エンジン』とか『野ブタ。をプロデュース』とか『ギャルサー』とか『花より男子2』とか)のイメージがすべてなくなるくらい、このドラマの戸田恵梨香は強烈だった。それまでは何人かの女子のうちの1人だったけれど、この『ライアーゲーム』からすっとドラマ界のメインストリームに出てきたという感じである。

最初は「真面目そうな女子」役だった。

そもそもいまよりずいぶんとふっくらしていた。有村架純顔というのか、けっこう丸っこい顔で、フリフリの好きなかわいい女子大生という印象である（いまの戸田恵梨香は痩せすぎだとおもう。顔の細さはまだいいとして、手足が露出したときに異様に細く見えることがあって、それは余計な情報になりかねない）。

『ライアーゲーム』に続いて『牛に願いをＬｏｖｅ＆Ｆａｒｍ』で真面目な女子大生役で出た。

『ライアーゲーム』が２００７年の4月から6月、『牛に願いを』は7月からだった。

北海道の草原でひと夏を過ごす男女の物語。農業大学の学生の実習の話。夏の若者の物語を海じゃなくて草原で広げようという企画だったんでしょう。

女子大生は香里奈と相武紗季と戸田恵梨香で、香里奈がわがままで協調性のないお嬢様役、相武紗季はいつも彼氏が欲しいとおもってる明るいが勉強できないキャラ、そして戸田恵梨香はすごく真面目な女子大生役だった。

戸田恵梨香は、まず「真面目キャラ」だったのだ。純朴さがどこかに見えるという役柄だった。そして「真面目キャラ」のときは、色気がまきちらされていた。ぱっと見で、多くの男性が、え、だれこれ、と聞いてしまいそうな、惹きつけられる色気たっぷりだった。

2008年は『コード・ブルー』に出演。10年つづく人気シリーズである。

ここでは新垣結衣が「優等生」だったので、戸田恵梨香はちょっと不良役になる。あまり協調性がなく少しわがままな、とっつきにくいが、人情味に厚い、あまりものに頓着しない、という江戸っ子的な男性的なキャラになっていて、これはこれでもう、戸田恵梨香らしいのである。

同じ2008年秋には『流星の絆』で、長兄の二宮和也、次兄の錦戸亮のうしろをずっとくっついていく末っ子妹の役。

三人は両親を惨殺され、その犯人を捜しているが、その過程で三人で次々と「悪いやつを騙して金を取る」というチームを組み、つまり自分たちも犯罪者になっていってしまう。けど、そんな暗い展開ではない。そのへんは綾瀬はるかのドラマ『白夜行』とは違う。

2話で水商売風のド派手な化粧を施されてしまった戸田恵梨香は一瞬、戸田恵梨香には見えず、ドラマの中でも長兄がしばらく話しているのに気付かず、だいぶたってから、え、おまえ、ひょっとして妹なのか、と気が付くシーンがあって、おもしろかった。

この『流星の絆』第2話の冒頭の水商売ふう化粧の戸田恵梨香は見ものである。

2007年はずっと「真面目な女子」役だったけれど、2008年になるといきなり「不良っぽい役」になって、それが全然、違和感がない。それが戸田恵梨香らしい。

2009年は『BOSS』では特別犯罪対策室の刑事役だった。彼女の刑事姿は『SPEC』の印象が強いが、こちらのほうが1年前の出演。

天海祐希のもとで働く科学捜査が得意な巡査。あまり協調性のない「だるーい」気配の女性刑事。数十メートルくらいの距離でもタクシーに乗っている。「刑事じゃないです」とよく言っている刑事である。人間に興味がなくて、いろんな行動が子供っぽいというか、いやいや学校に行ってる高校生ぽい。パソコンを扱うと天才的。でも、こんな子、いそうだなあとおもわせるキャラである。特別犯罪対策室のくせ者刑事のなかでも、もっともキャラが立っていたというか、作り物感がもっとも薄かった（ケンドーコバヤシの男好き感などの正反対）。

2010年は10月から『SPEC』が始まる。加瀬亮とコンビを組んで、ダブル主演。「超能力者」と戦う女刑事の役である。これがまあ、破壊的な役どころだった。

京大卒でめちゃ頭がいいが、ガサツというか適当というか、行動が破綻しかけている。このシリーズではだいたいロングスカートに白い靴下姿で、女らしさをまったく出していなかった。

『SPEC』は戸田恵梨香のひとつの代表作だとおもうが、このドラマ自体は刑事もののスタイルを借りながら、要するに「なんかおもしろいもの作りたい」というスタッフの気合いと衒いで作られたドラマで（ときどき照れも入ってくる）、戸田恵梨香と加瀬亮なら、

「おもしろいことしたい」というのに乗っかってくれるだろうと踏んでのキャスティングに見える。

ハチミツをボトルごとごくごく飲んだり、食べられない料理を作ったり、良く言えば細かいことにこだわらない性格で、いろんな部分で破綻してる存在である。

奇妙な人物であるが、それでも圧倒的な存在感があった。戸田恵梨香がもつ根本的な迫力なんだろう。


2011年は一転『大切なことはすべて君が教えてくれた』で、しごくまっとうな学校の先生役を演じた。『SPEC』が前年12月に終わり、そのまま続けて翌月1月から始まったドラマである。かなりの落差だ。

高校の英語の教師で、バスケット部の顧問をやっているがバスケット経験はなく、でも『スラムダンク』を読んでいる。

生徒は武井咲、剛力彩芽、広瀬アリス、石橋杏奈、菅田将暉、中島健人などで、なかなか豪華である（能年玲奈や伊藤沙莉も出ていたが探さないとわからないレベル）。

相手役は三浦春馬。恋愛ドラマであり、学園ドラマでもあった。でもまあ、戸田恵梨香より武井咲のほうが印象に残るドラマでもある。

一番ふつうの役で、ほぼそれが初めてというところもすごい。

翌年2012年には『鍵のかかった部屋』の若い弁護士役だった。

鍵マニアの奇妙な榎本（大野智）と、空回りする弁護士（佐藤浩市）のあいだにいて、「常識的な行動をする人」を受け持っている。きちんとした人がいないと話がすすまないから、その進行役だといえる。これまたかなりまっとうな役で、そんなに個性を押し出してこない。個性がある人だからこそ、そういうことができる。そして、こういうふつうの役どころだと戸田恵梨香はかなり色っぽい。

2013年は夏に『SUMMER NUDE』、秋に『海の上の診療所』に出た。

『SUMMER NUDE』は夏だけの海の家「青山」で展開する恋愛ドラマ。

役者名で書くと、山下智久は長澤まさみが好きで、でも香里奈と仲良くなっていき、戸田恵梨香は山下智久がずっと好きだったけど、けっきょく窪田正孝と結婚する。そういう展開である。わりと屈託のない女の子役だった。そのぶん中心にいない。こういう純粋な「若者の恋愛もの（複数人が交錯するもの）」の出演が意外に少ない。たぶん、そういう人はけっこう間に合ってるのだろう。深い職人役者ともいうべき戸田恵梨香が演じるほどでもない、ということのようにおもう。

ちなみに、NHK朝ドラ101作目のヒロイン戸田恵梨香と、102作目の主演窪田正孝が、このドラマで結婚しているというのがおもしろい。この2人は、102作目放送の直前に、「朝ドラ主役のバトンタッチ」のニュースで二人並んで写真に写ってました。2013年には結婚する2人だったのが、2020年には朝ドラバトンをタッチしていたのは何だかおもしろい。

2013年秋には『海の上の診療所』に出演したが、これはメインが松田翔太で、ヒロインは武井咲だった。松田翔太に不思議に絡んでくる変わった女性という役どころ。脇にまわるとけっこう存在感が出てくる。

一年飛んで、2015年は『リスクの神様』に出演。主演は堤真一。最初のころはきちんと企業ドラマで、戸田恵梨香は大手商社の主任であり、新会社の「役員」にも就いている野心家。英語もぺらぺらに喋る。こういうキャリアウーマン（役員なのでスーパーウーマンですが）という役どころも、あまり演じていなかった（これもまた、けっこう手が足りてるんだとおもわれる）。

ただ、役員に就いた第1話冒頭が企業人としての頂点で、すぐに自社製品に欠陥が見つかりリコール、その責任を取って役員と部長は辞任、「危機対策室」へと左遷されてしまった。そこの配属になってからは、取引会社などの事故や事件などの危機状況を、どうやって切り抜けていくか、という展開を見せる。いわば「事件もの」の変種だった。

2017年4月の『リバース』は、ミステリードラマ。主人公の恋人役だった。喫茶店で出会い、恋に落ちていくさまが描かれていて、なかなか微笑ましい。とおもっていると、しっかりと裏のある役どころだった。主人公の仲間の1人が、10年前、冬山旅行中に行方不明になり不審な死を遂げていたのだが、戸田恵梨香はその死んだ男の元恋人で、その死の真相を探ろうとしていたのである。

ごくふつうの感じのいい女性でありながら、実は内側に大きな闇を抱えていた、というのをどちらもさらっと演じるのが戸田恵梨香である。こういう深みを出せるのは、彼女らしいところだろう。どちらの顔もイーブンに演じられるのは、やはり感心してしまう。

2018年の『崖っぷちホテル!』では、経営が苦しいホテルの総支配人役。ホテルの責任者である。腕利きのホテルマン（岩田剛典）の力によって、倒産しかかっているホテルを建て直そうとする役である。

ただ。自分が総支配人をやっていていいのか、と繰り返し疑問におもっていて、それは30歳前後のふつうの女性がもっている感覚だろう。支配人らしくないところと、でもとても支配人らしく見えるところと、どちらも印象に残る。

そのあと2018年秋には『大恋愛』の主演。

医者ではあるが、若年性アルツハイマーを発症し、どんどんと物を忘れていくなかでの、大人の恋愛ドラマである。世界の中心でさけびたくなるようないわゆる「難病・恋愛」ものであるが、医者として活躍する年齢の女性が主人公というのが珍しい。やはり、こういう役どころでは、戸田恵梨香が圧倒的な存在感を持つ。

この『大恋愛』の戸田恵梨香の演技には圧倒されたというか、ねじ伏せられたような気分であった。ほんとにすごい存在感だった。戸田恵梨香のその力が、「難病もの」をただの泣けるドラマに終わらせずに、深く刺さってくるドラマに仕上げている。

説得力がすばらしい

そして、このあとに朝ドラ『スカーレット』の主演だったのだ。

朝ドラはもう新しい人のドラマではなくなっているようだ。

でも、女性の半生を描くのなら、たしかに中堅どころの役者のほうが、きちんと見てられるということはある。二十代の恋も、四十代の苦労も、どっちも説得力が持てるからだ。

中堅どころだと（戸田恵梨香だと）十代前半がちょっと厳しいところはあったが、ほかは大丈夫だったというか、説得力がすばらしかった。

十代後半の働き始めのころ、結婚前後、火鉢に絵を付ける職人の時代、自分だけの陶芸作品を作ろうと足掻く「芸術家」の時代、難病の息子を見守る時代、と、かなりの振り幅のあるそれぞれを、無理なく演じていた。

『スカーレット』の戸田恵梨香をおもいだすと、息子に向かって「おかあちゃんは女やない、おかあちゃんはおかあちゃんいう生きもんや」と言い放ったセリフがまずおもいうかんでしまった。いかにも滋賀のおばちゃんがいいそうなセリフとして、とても心に残っている。そういう、細かい部分での存在感がすごかった。

戸田恵梨香はどういう役割を担っているのかといえば「色気あるなしを含めて、どんな役でもやれる」という役割のようである。

あらためて眺めると、すごいとおもう。

新垣結衣が演じる役は、世界を明瞭にして、すべてを受け入れる

新垣結衣といえばやはり『逃げるは恥だが役に立つ』である。

2020年に再放送されたのを見て、あらためてそうおもう。

『逃げ恥』の新垣結衣にはただただ惹きつけられる。星野源にも惹かれるし、星野源はこのドラマのイメージしか浮かばなかったりするが、何といっても新垣結衣の魅力でドラマは満ちていた。視聴率が高かったから、日本中が新垣結衣に満ちていたことだろう。日本中あちこちで、新垣結衣と星野源のやりとりに胸がきゅんとなっていたのである。たぶん、つまらなそうにふーんという表情で見てるおじさんたちも、胸の中でハートが飛び交うきゅんきゅん状態だったのではないかとおもうが、そっとしておいてあげよう。

『逃げるは恥だが役に立つ』については、ご存知の方も多かろうが、あらためて説明しておくと、平匡《ひらまさ》さん（星野源）とみくり（新垣結衣）は、好きでもなく恋愛をしたわけでもないが、それぞれ利害を検討した結果、結婚を「偽装」することにした。「家事代行スタッフを雇う感じの事実婚」である。

肉体的な接触は一切ない（少なくとも結婚当初はない）。「契約」に基づいた結婚であり、家事を労働として正当に評価し、それへの対価を払っている。よりよく家事をこなすために、雇用主（偽装の夫）と従業員（偽装の妻）のあいだでたびたび話し合いがなされる。考えてみれば、家事について夫婦で細かく話し合いをするという点において、二人は理想的な夫婦である。恋愛感情と結婚が結びついてないから、いろんなことに感情的にならずに済む。

そうか。恋愛結婚というのは、夫婦間のいろんな決めごとをかなりの確率で感情的にさせてしまうための方式であるのか、といま書いていて気が付いた。なるほど。だから恋愛の先の結婚をしたがる女性が多いのか、と一瞬納得してしまったが、そういう話をしているのではない。

双方の親を納得させるために「恋愛結婚したカップル」を装う二人は、同じ部屋に暮らしながらも、男と女の交流はいっさいない。一緒に暮らしている二人がお互いを意識し始めるさまは、「奥手な高校生（ないしはウブな中学生）の純粋なお付き合い」ふうで、そこがドラマの人気の根源である。

それを新垣結衣と星野源が演じたために、人気が爆発してしまった。

星野源の存在が大きいのはわかっているが、やはりこの部分の新垣結衣の魅力は破壊的だったと言うしかない。

平匡さんとみくりはとても真面目で、契約に忠実であろうとする。でもみくりは、ときどきそれではつまらないようで、少し積極的に出てくる。「火曜日はハグの日」というような提案をしてきて、「とてもウブな中学生レベルの状態」にある平匡さんは倒れそうになってしまうし、それに共感している視聴者も「新垣結衣に迫られているような錯覚」できゅんきゅんしてしまう。

新垣結衣演じる女性は、だいたいのところ、「一生懸命な女性」である。

目の前のことに一生懸命で、そのぶん脇が甘い。引いてみるととても無防備で、見ていてハラハラさせるような女性である。

『逃げるは恥だが役に立つ』のショートカットの風貌は、とても純粋な女性に見えた。中学生や高校生のときの純な気持ちをそのままずっと持ち続けてる女性である。

星野源が演じる平匡さんの女性に対する心情は、ほぼ、ウブな中学生レベルだった。

恋愛に疎い男性に雇用されている彼女は、恋愛的なことをまったく気にせずに、ただの雇用主の男性と一緒に暮らしてあまり気にしてないという無頓着さが、魅力的だったのだ。

親しみやすさが魅力

新垣結衣の魅力は、親しみやすさである。

存在が近い。

ドラマを見てると、すぐ近くにいてくれているような気分になってしまう。

それは新垣結衣ならではの存在感だ。

長澤まさみや綾瀬はるかや、戸田恵梨香や、吉高由里子とは違う。

長澤まさみと新垣結衣はドラマ『ドラゴン桜』(2005年)で共演していたこともあって、つまり同じようなころに二人を認識したというのもあって(年齢も1歳違い)、いつも比較して見てしまう。

長澤まさみは長澤まさみである。あたりまえか。

長澤まさみは、やはり芯が強い。機関銃をぶっぱなして「快感」というのが似合うタイプである。内から出てくる気持ちが強く、それは顔に強く出る。

コマーシャルだと夏になると「虫コナーズ」でゆるりと柔らかく脅すような雰囲気が長澤まさみらしい。

新垣結衣はそこまで強くない。強さを出してこない。

内側の芯はしっかりしているけれど、それを外に出してこない。

そのぶん見てるほうにどんどん近寄ってきてくれる。そういうふうに感じられる。
近寄るといっても、幼なじみのような、親戚の子のような、無防備な感じで近づいてきて、女の色気などは出さない近づき方なぶん、かえって女性らしいかわいらしさに満ちているというもので、そういう魅力です。

新垣結衣は受け身のときのほうが、よりきれいに見える。
動いてるときではなく静かなときのほうがいい。

新垣結衣が出たドラマといえば
『パパとムスメの7日間』『コード・ブルー－ドクターヘリ緊急救命－』『全開ガール』『リーガル・ハイ』『掟上今日子の備忘録』それに『獣になれない私たち』あたりだろう。
『パパとムスメの7日間』は父役の舘ひろしとの入れ替わりドラマであり、おやじの中身になった女子高生を演じていて、これはとても魅力的であった。
『コード・ブルー－ドクターヘリ緊急救命－』はサードシーズンまで製作された人気ドラ

マとなったが主演は山下智久で、彼女は芯がしっかりしていて責任感が強く、それでいてやや控え目でたおやか、つまり自己主張が弱めというキャラクターだった。新垣結衣らしいキャラクターで、彼女の持ち味になる。

『全開ガール』は東大法学部卒で、野望たっぷりの新米弁護士役で、強気で意固地なキャラクターだった。これはこれでいまどきないい女でよかったけれど、やはり新垣結衣の人柄に合ってなかったというべきだろう。いつものような引き込まれる新垣結衣の魅力はあまり見られなかった。

『リーガル・ハイ』でもまた若い弁護士役だけれど、これは堺雅人演じる主役弁護士のキャラが強く、その異様さとは対照的な「正義感の強い真面目な弁護士」役で『全開ガール』と違って新垣結衣の雰囲気にぴったりだった。酒癖が悪いという設定は、どっちの弁護士役でも同じで、つまり普段無理して真面目にやってるぶん、酒を飲むと暴れるというのが、彼女が割り振られやすい役どころである。

『掟上今日子の備忘録』は、一晩寝ると（一晩とかぎらずとにかく寝ると）それまでの記憶がリセットされる「女探偵」の役だった。記憶が消え去ることを淡々と受け止め、ふつうどおりに業務をおこなっていく女性探偵役は、とても素敵だった。

受け入れてしまう。そこに惹かれてしまう

2018年のドラマは『獣になれない私たち』だった。

働く女性の物語である。大人の女の恋の物語でもあった。

彼女は、職場ではきびきびと働いている。

やらなくてもいい仕事までたくさん割り振られ、それをきちんとこなしていく。見ていてすこし痛々しい。仕事が増え、それを処理しても、誰も褒めてくれない。帰りにビールバーで（松尾貴史がマスター）ビールを飲んでる。

でも深海晶（新垣結衣）は手を抜かない。いろんなことを押しつけられても、すべて対処してしまう。すべてを受け入れている。そのうち無理が出てくる。ときどき破滅的行動

に出る。そういうところに共感できる。そういうドラマである。

新垣結衣が演じているのは、受け入れる女だ。

もちろんただ受け入れるだけではない。最後の砦として、「しっかりした自分」はある。でもとりあえずは、受け入れる。受け入れてしまう。

会社の同僚に「いい人ですねえ」と言われてしまうのだが、でも、そういうところは変えられない。無神経な社長や、ひよわな後輩男子につけいれられるが、でも、受け入れてしまう。

頼まれると、みな、受け入れてしまう。

それがこのドラマでの新垣結衣の魅力であり、彼女に対して漠然と抱いてるイメージでもある。

見ているとそこに惹かれてしまう。

「結局、こういう人がいてくれることによって、組織は維持されているのだ」という風景が描かれている。見ていて少し心が痛んでもくるが、そういう役割で悩んでる人たちの気持ちを少し楽にしてくれているとおもう。

現実世界では、なかなかそういう人たちは救われないのだが、でもドラマで新垣結衣が演じてくれることによって、共感できる。そこですこし癒される。

「諦めを含みつつ前向きな表情」を新垣結衣が見せてくれると、とても安心するのだ。

それが新垣結衣の魅力であり、みんなが見たいとおもう彼女でもあった。

だからやっぱり新垣結衣の魅力がかたまってでていたのは『逃げるは恥だが役に立つ』だとおもう。

綾瀬はるかの役柄は「自己肯定していく力」が魅力

２０１９年大晦日の『ＮＨＫ紅白歌合戦』を見ていて驚いたのは、「けん玉ギネス世界記録に挑戦」を始める前に司会の綾瀬はるかが、最近けん玉をやってるんでマイけん玉を持ってきましたと、皿に玉を載せる基本技を見せようとして失敗したことである。綾瀬は笑いながらのけぞり、ウッチャンは隣で慌てているが、嵐の櫻井君はかまわず進行して（かまっているヒマはなかったのでしょう）三山ひろしの歌と、けん玉ギネス挑戦が始まったのであった。残念ながら、途中で一人が失敗してしまってギネス記録更新はならなかった。デモンストレーションで綾瀬はるかが失敗したら、本番にも悪影響を与えてしまうもんなあ、しかたないよなあと、ぼんやりと見ていた。

綾瀬はるからしい。

綾瀬はるかは、たぶんすごく練習していたんだろうなということが想像できるし、何だか許せてしまう。

綾瀬はるかは何だか「ふわっ」としている。けん玉を失敗してもしかたないなあ、とおもえるのは、その雰囲気からである。

でも、舞台裏では必死で練習していたとの話を聞くと、やっぱそういうところでは「きりっ」としているなと感じ入る。

綾瀬はるかはこの「ふわっ」と「きりっ」を行き来する魅力で満ちている。

「きりっ」として「ふわっ」とする

綾瀬はるかが山田孝之と一緒に、世界の中心で愛をさけんでいたのは2004年の夏だった。哀しい夏だった。

そして2006年には、また山田孝之と一緒に『白夜行』で、こんどは悪い道を進んでいた。これはこれで哀しい冬だった。

ドラマ『世界の中心で、愛をさけぶ』も『白夜行』も、「きりっ」とした綾瀬はるかだった。基本的な雰囲気はふわっとしてるが、くっと見つめると、綾瀬はるかは「きりっ」とした人に変身するのである。

テレビドラマから見た綾瀬はるかは「きりっ」とした人として、登場してきた。

それが2007年のドラマ『ホタルノヒカリ』では、家ではだらだらしつづける女性を演じた。「ふわっ」とした綾瀬はるか全開のドラマだった。ふわっとというより、だらっとした「干からびた女」だったのだけれど、まあどちらも緩やかで似たようなものってことでいいでしょう。ドラマ内でも会社では「きりっ」として、家では「だらっ」としてる二面性を見せていた。内側の緩やかさと、外にときどき垣間見える峻厳さとのギャップが魅力的だった。

2008年『鹿男あをによし』では「ふわっ」とした女性教師全開だった。このドラマではきりっとした部分は女子高生の多部未華子が引き受けていた。

2009年の『JIN-仁-』では文久のころの旗本屋敷で、2013年の『八重の桜』は慶応四年の会津で「きりっ」としていた。

『八重の桜』は会津戦争で銃を放つ八重の姿ばかりが印象に残るが（第1話冒頭は、戦場を駆け薩長軍を撃ち続ける八重の姿から始まっている）、物語は明治維新後も延々と続き、すごくダレた。ダレたってことは早い話がかなりつまらなかったということだけど、主人公の八重&新島襄夫妻の話と、京都府政局や、明治政府の政局が一緒に描かれて、そりゃ無理です。ほんらいは『あさが来た』のように明治時代の女傑の行動を描きつづければおもしろいのに、大河となるとそうもいかないのでしょう。2015年にも『花燃ゆ』で維新の動乱のあとを生きる女性を描いて、ぜんぜん見てもらえなかった。

まあ、それはいいです。

綾瀬はるかは2014年には『きょうは会社休みます。』で、こじらせ女を演じて、これもまた仕事ではきりっとしてるが、私生活はふわっとしてるというか、うまくいかない女子を演じていた。

2016年にはノーベル文学賞ドラマ『わたしを離さないで』に主演して、これは、なかなかハードなドラマでしたね。〝提供者〟の〝介護人〟という、ふつうの想像では考えることのできない世界で生きる女性だった。

2016年はもうひとつ『精霊の守り人』シリーズが始まった年で、ここでは彼女は女用心棒だった。バルスだ。ちがう。バルサだ。間違ったらラピュタが崩壊してしまうので気をつけて。

この用心棒は「きりっ」の極地だった。めちゃかっこいい。殺陣がすごく「きりっ」としていて、守り人に守ってもらいたくなるような用心棒だった。

2017年の『奥様は、取り扱い注意』では、初々しい若奥様ながら家事は苦手というところでひさしぶりに「ふわっ」とした綾瀬はるかの魅力全開だったのだけれど、じつは、身体能力が抜群に高い特殊工作員だった、という過去を持っており、それは『精霊の守り人』の用心棒だったのとつながってるんじゃないかとおもわせる殺陣のかっこよさであった。つながってるんだとおもう。

このドラマは続編が映画化されるほどの人気で、やっぱり綾瀬はるかは「ふわっとしていてきりっとしてるが、でもやっぱりふわっとしてる」というところが魅力なのだ。

紅白歌合戦の司会を務めるという特殊能力を持ちながら（あれはかなりの能力だとおもう）簡単そうなけん玉は失敗してしまうという愛敬が、彼女のすべてだろう。愛されるキャラである。

２０１８年夏には『義母と娘のブルース』では堅苦しい義母役だった。こういうところではロボットのように見える役を演じて、後半になると「ロボットに心が芽生えた」というようなあたたかみを与える係になっていて、それはそれで綾瀬はるからしい。つまり表面上は「きりっ」としているが、あまりにも何事にもすべて「きりっ」としすぎていて、全体として引いて見ると「ふわっ」としてくるというような味わいだった。

２０１９年は『いだてん』では「会いたかばってん会われんたい」と自転車節を歌って自転車で汽車を追いかけるお転婆娘だった。だいたい「ふわっ」としていた。

「きりっ」としてるが「ふわっ」と感じさせるというのは、おそらく本人が意識してないのが大事なのだろう。

本人は本人なりに必死で進んでいるが（そこはきりっとしてる）それが何か違っているというところが、全体として「ふわっ」と感じさせるのである。

魅力ある「きりふわ」は綾瀬はるかじゃないとむずかしい。

そもそも「きりっとしている」という部分と「ふわっとしている」というのは根が同じである。

本人のなかでは自分が信じるとおりに動いているだけなのだが、それが時と場合によって、見る人によって変わってくる、というところだろう。

彼女が演じる役どころは、だいたい、まわりを気にせずに自分の信じたとおりに行動していく勇気ある女性である。重篤化した白血病のままオーストラリアに渡ろうとしたり、鶴ヶ城を守るために迫る薩長軍に向けて銃を撃ち続けたり、幼い子のために偽装結婚したり、その子に初めて会ったときには名刺を渡して社会人として挨拶したり、まわりから見たらひたすら変であるが、彼女は信じるところを突き進んでいるだけである。だからこそ二つに分かれて見える。

人間離れしたキャラクター

2018年のヒットドラマ『義母と娘のブルース』が一番、わかりやすいだろう。ここには綾瀬はるからしい魅力がいっぱい詰まっていた。

義母というのは継母のことであり、血のつながりのない義母と娘の物語である。

綾瀬はるか演じる亜希子は、バリバリのキャリアウーマンであった。とても有能で、有名企業の部長職を務めていた。企業人としてのスペックはおそろしく高い。「きりきりきりっ」としていた。

でも日常生活におけるコミニュケーション能力は、かなり低い。すごく天然である。

近所の奥様たちとの会話で〝夜の営み〟が話題になったとき、彼女はそれを〝夜間のビジネス〟と勘違いして、「穴を探せばいい」というとんでもないアドバイスを奥様にしていたし、継子にキャラ弁をねだられたときも、理解しておらず「キャラクターを制作している会社の株価チャートを海苔で作った弁当」というものすごいものを作り上げていた（かわいくはないが、見事な弁当だった）。

ちょっといろいろと人間離れしている。『精霊の守り人』や『奥様は、取り扱い注意』における見事な殺陣を連想してしまうぐらい、人間離れしているキャラクターである。

彼女は余命いくばくもない男（竹野内豊）に頼まれ、彼と（たぶん）偽装の結婚をし、彼の死後にその娘を育てる。そういうミッションを請け負ったプロフェッショナルという立場にある。かなりロボットぽい存在だ。あまり母とか娘とか、家族という概念に詳しくない。それをがんばって身につけていく。

娘のほうが真っ当である。

少なくとも娘の小学生時代はそうだった。彼女（横溝菜帆が演じるみゆきちゃん）はきちんと女子の友だちも多く、彼女を好きな男子もいて、子供社会での社会性を獲得している。

でもギボはそうではなかった。

会社人としては優秀だったが、家庭人としてはいろいろ変である。がんばりやだから努力して次々と成果を出すが、でもずっと何か変である。「地球になれてない宇宙人」ないしは「人間の心を持ってないロボット」のようである。きりっとしてる。でも人間ぽくない。そして、そういう役どころが、綾瀬はるかにはぴったりなのである。

そのギボは小学生の義理の娘と暮らすことによって、人間性を回復している（地球の生活、ないしは人間社会の生活の機微を理解しはじめる）。

『義母と娘のブルース』はそういう回復のドラマだった。「家族」というある種の幻想を、血のつながらない子供と一緒に形成していくことによって人間らしさを回復していく。たぶん、血縁がないから乗り越えられるというお話が説得力を持つのだろう。

義理ながら娘がいて、彼女と暮らすことによって、人がましさを持っていくのである。「きりっ」としたロボットが、「ふわっ」とすることの大事さを修得していく感じである。

ずっと名前で呼んでいた義理の娘みゆきが、義母の亜希子（綾瀬はるか）のことを、初めて「おかあさん」と呼ぶのは第6話である。ベタなシーンであるが、まあ、泣ける。ふつうに泣ける。綾瀬はるかの懸命な姿がもとになって泣けるのだ。

義理の娘に「おかあさん」と呼ばれてからあと、ギボは表情がどんどん豊かになってくる。娘はそれを指摘する。人間への「回復」である。「きりっ」としてるだけでは、人間社会ではうまくやっていけない。意識して「ふわっ」としてないといけないと自覚したことでもある。

そういう回復を見ていると、見てる者もただ癒されるのである。癒されるドラマというのは、とてもありがたい。

少々人と違っていても、いつも一生懸命やることが少々ずれていようと、人のことを大事にして生きていくなら、それで人間がましい人生が送れるというそういうメッセージに満ちたドラマだった。

そしてそれは「綾瀬はるか」という女優を通して、常に発信されているメッセージでもある。

綾瀬はるかは「きりっ・ふわっ」の魅力に満ちており、そしてそれは人を癒す大きな力を持っているようだ。

配役を通して　これからの大河ドラマを考える

大河ドラマの一覧表を作って、それを眺めていると、切れ目は1987年と1995年に見えてくる。

1984年から1986年まで現代劇ものを放送していた。

1986年の『いのち』は、いまから見るとほぼ朝ドラである。戦後日本の架空の人物を主人公にした現代劇だった。その翌年1987年『独眼竜政宗』が放送され、大河ドラマ人気が復活した。

でも1993年の『琉球の風』は半年だけの6か月もの、次の『炎立つ』が7月から翌1994年3月まで9か月もの、その次の『花の乱』が4月から12月の9か月ものと、変則が続いた。なんらかの意図があったのだろうけど、いまとなってはよくわからない。

ＮＨＫが国民に植え付けた視聴習慣を（日曜8時は1年交代で歴史ものという視聴習慣）ＮＨＫみずからが壊そうとして壊せなかったのだろう。頭で考えて頭で動く人がトップになると、ときどき変なことが起こってしまう。

大河ドラマ57年（１９６３年～２０２０年）の歴史のうち、さいきんの主人公と題材を見直してみる。

「大御所」感のある役者の主演

２０００年代から２０１０年代にかけて女性を主人公に据えることが多かった。

２００６年『功名が辻』の仲間由紀恵、２００８年『篤姫』の宮﨑あおい、２０１１年『江』の上野樹里、２０１３年『八重の桜』の綾瀬はるか、２０１５年『花燃ゆ』の井上真央、２０１７年『おんな城主 直虎』の柴咲コウと、２０１０年代の大河ドラマはほぼ隔年で女性主人公だった。

それもだいたい民放の連ドラにも主演するクラスの面々である。

大河もＮＨＫの連ドラなのでそれでべつにおかしくないのだけれど、ときどき「民放のドラマのようだ」という悪口じみた言説があって、これも最近ではあまりきかないけど20年くらい前まではふつうに言われていた。つまり昭和の昔は、ＮＨＫの大河ドラマには「大御所」感のある役者の主演が多かった（表にしてみると、そこそこ、というくらいだけど）からだろう。大御所というのは、歌舞伎界の重鎮か、もともと映画の主演を続けていた人たちのことで、まあ、映画をホンペンと呼んでいた昭和のまんなかあたりまでは「映画が偉くて、ドラマは安っぽいもの」という図式があったからで、その意識から、民放ドラマの役者と同じだというのが悪口がましく言われていたのである。

大河ドラマの背景には、どうも、伝統的な時代ものを大事にしたい、という精神があるようにおもう。

つまり元禄宝永のむかしから続く「歌舞伎狂言」、太平記読みから続く「講釈講談」、それらの話からつくられた「時代劇映画（活動写真）」、それらの歴史をつなぐのが「大河ドラマである」という意識があるように感じるのだ。これはあくまで勝手な想像であるが、そうおもっている。大河ドラマは日本の「大衆演芸の歴史劇」の流れにあるのではないか、ということである。1965年の『太閤記』以来、ずっと見続けている者として、直感的にそう感じている。

2000年ころの「トレンディドラマのような役者が並べられた大河ドラマ」という形容も、また、いま述べたような意識がもたらした言葉のようにおもう。もっと重々しくやってくれという注文なのだろうが、それはおそらく明和安永のころでも文化文政のころでも、年寄りは同じようなことを言っていただろうから気にしなくていいのだ。そのころだって、その当時の人気の役者が演じてたから、みんな喜んで見ていたのだ。明和安永の流行をなめるなよと言いたい。

女性主人公の時代

2010年代、女性を主人公にしたのは、おそらくそうしたほうが人気が出るだろうという判断だったはずだ。

ただ、女性が主演だったらみんな見るというものではなかった。仲間由紀恵の『功名が辻』、上野樹里の『江』、柴咲コウの『おんな城主 直虎』は戦国ものので、宮﨑あおい『篤姫』、綾瀬はるか『八重の桜』、井上真央『花燃ゆ』が幕末ものだった。

そして、わかりやすく戦国ものが人気で、幕末ものは見事に不人気だった。

ただ宮﨑あおい『篤姫』は例外で、これは異様に人気が高かった。いまだに評価されているところがある。宮﨑あおいの清冽さが人気のおおもとにあるとおもうが、彼女が薩摩島津家から十三代将軍の御台所となった篤姫を演じたため、いわば「大奥もの」になったので、それで幕末ものなのに例外的に人気が高かったのだとおもう。「大奥もの」はどうやら女性に人気のようである。

たしかに大奥の話はおもしろい。だってセレブの話だからね。セレブの私生活が赤裸々に描かれていれば、そういうドラマにはみんな興味を持つのである。セレブというところがとても大事。国を動かすレベルの女性たちの私生活は見たい。そりゃ見たいです。だから人気。

ドラマは、江戸城瓦解後、つまり大奥がなくなったあとは描かれていなかった。篤姫が江戸城を去るところで終わり、大奥のお話なので、大奥がなくなったあとについては語りませぬ、という構成になっていて、潔くてよかった。このラストシーンは印象的だったので、よく覚えている。大河の最後って、主人公が死んで終わるってのが多いですからね。『篤姫』は宮﨑あおいらしく、さくっと終わっていて、好感もてました。

ふと、ラストシーンをいまでもすぐにおもいだせる大河はどれか、と一覧を眺めたら1968年の『竜馬がゆく』と(わしはもういかぬといった竜馬もだが、中岡慎太郎が外に這い出していったシーンが忘れられない)、1970年の『樅ノ木は残った』(原田甲斐が死ぬ間際に罪をかぶろうとしているシーンを覚えている、このあとに何かのシーンがあったのかもしれないが、いちおうそこがラストシーンだという記憶になっている)、とつい何か月か前に見た『いだてん』(金栗四三本人のフィルムが流れた)くらいである。

1973年の『国盗り物語』では、信長の死を聞いて泣き崩れる秀吉(火野正平)に官兵衛(江守徹)が中国大返しへの助言をしてるシーンで終わってるような記憶になっているが、近藤正臣の光秀が倒されるシーンがないとお話が終わらないからそこがラストシーンのはずがない。『黄金の日日』のラストは船で旅立ったシーンだったようにおもうが、これもおぼろげである。

大河のラストシーンは、あまり覚えてないものである。

その点からしても『篤姫』はすぐれたドラマだったということができる。


幕末物はもともとあまり人気がない。

敵と味方の区別や、いろんな争いなどに、いちいち「理屈」がついてくるからだ。

「尊皇攘夷」と「佐幕開国」という対立概念があたかも存在したかのように描かれたりして、それはただの政治運用の用語でしかないはずなのだが、当時の人間がすでにある種の理念であるかのように実際に使っていたから、それを無視して描けない。

大久保利通が、「わしゃ、てっぺんとって日本を動かしたいんじゃ」という馬鹿みたいな情念で動いていれば、もう少し幕末・明治ものもおもしろくなるが、そんなことはあの人は一瞬たりとも考えていなかっただろう。

徳川幕府を倒して新政府を樹立したくせに、十年後私設軍でその新政府を倒す動きを見せた西郷隆盛の心情にいたっては、はっきり言ってまったくわからない。明快な説明を聞いたことがない。あの人は謎すぎる。そのぶんとても魅力的である。

どこをとっても明快なドラマになりにくいのだ。

綾瀬はるか『八重の桜』と井上真央『花燃ゆ』は、その「なかなか見るのがつらい幕末もの」が過ぎたあと「さほどの歴史的事件も起こらない明治時代」まで描かれたわけで、もうこれは、ほぼ誰も見てくれないんじゃないかというものになっていた。細かいエピソードが積み重ねられて展開するから、1話飛んだら、ちょっとついていけなくなる内容だった。

2013年『八重の桜』の後半の視聴率低下で身に沁みていたはずなのに、2年後に『花燃ゆ』でほとんど同じことをやってしまって、当時の大河の最低視聴率を記録してしまった。

明治時代を庶民視点から描いても、ほぼ、共感を得られないのだ。みんな、そのへんにあまり興味がない。

NHKのほうでもそれはわかってるだろうに、でも繰り返し「明治が舞台の大河ドラマ」が登場してくる。

『花燃ゆ』が記録してしまった最低視聴率を（年間平均でいえば2012年『平清盛』と同じ12・0％）あっさり塗り替えたのが『いだてん』だった。これも明治の庶民を描いた大河だった。

明治生まれの金栗四三や、古今亭志ん生や、田畑政治については、みんなほぼ興味を持っていなかったのだ。

個人的な感想でいえば、『いだてん』はきちんと見ればかなり楽しい大河ドラマで、ドラマとしての出来はかなりのものだったと私は高評価しているのだが、世間的にはほぼ興味を持たれなかったと言うしかないだろう。ダントツの低視聴率だった。

私はオリンピックの話が好きで（金栗四三のオリンピック成績や数十年後のゴール話などはもともと知っていた）、古今亭志ん生についてもかなり詳しく知っているし（小泉今日子がやっていたお嬢さんも何度か新宿末廣亭で見かけたことがある）、まあかなりレアな『いだてん』向きの人であって、だから人よりおもしろがれたというのはあるが、でも想像以上の不人気だった。真面目に見ればかなりおもしろかったんだけど、みんな、あまり真面目には見ないようなのだ。まあ、その気分もわかるんだけど。

やはり日曜8時のドラマは『サザエさん』や『笑点』の木久扇のギャグくらいにわかりやすくないとダメなのだ。

となると、来年2021年の渋沢栄一のドラマ『青天を衝け』もかなりまずいんじゃないだろうか。

幕末から始まるし、明治の実業界を舞台にしたドラマになるし、なかなかむずかしそうだ。

渋沢栄一は武士の生まれではないのに武士になり、徳川慶喜の家来になってつまり最後の徳川将軍付きの家臣だったが、パリ万博に派遣され、大政奉還から戊辰戦争という明治維新のハイライト部分に日本にいない。明治以降は実業家である。そのへんで、社長さんが解説してくれるようなテレビ東京のドラマぽくならないか心配である。

明治国家を批判的な視点から描くドラマは、たぶん、受けない。明治国家の批判勢力は、結局のところ批判勢力のまま終わってしまっていて、そういう立場のドラマは、あまり共感しようがないからである。だからといって明治政府側をすべて肯定的に描くのも評価されないだろう。明治はまだ微妙な距離にあって、歴史としての扱いがむずかしい時代なのだ。

吉沢亮にはとても期待してるので、なんとか頑張ってもらいたい。

大河ドラマはどこへいく

2022年は『鎌倉殿の13人』で、北条義時が主人公である。

「平安末期から鎌倉時代」ものので、ここもなかなかむずかしい時代だ。

「北条義時は、日本史上、唯一の存在である」、という史論を近年になっていくつか読んだけれど、そしてその刺激的な指摘には大変興奮したが、それはやはり歴史マニアに喜ばれる解説レベルだろうし、はたして大衆劇としてどこまでおもしろくなるのか、脚本が三谷幸喜なので、かなり期待しているものの、ちょっとわからないな、というのが正直なところである。平安時代（というか治承・寿永のころ）の人々がどういう生活をしていて、何を大事にしていたのか、なかなかリアルに感じられないところがむずかしいところである。でも小栗旬なら大丈夫か、とおもわなくもない。楽しみである。

この時代は「源平もの」として何度か大河で扱われている。だいたい平清盛か、源義経が主人公で、（それぞれ2回ずつ）、歌舞伎演目などとしては高名なものであるが、近年ちょっと親しみが薄れている。

義経のたとえば「安宅の関」エピソードや、弁慶の立ち往生のシーンは、明治生まれの祖父母はかなり親しんだ話のようで、１９６６年の『源義経』を見てる最中は、そのシーンの前からここを見ろ見ろととてもうるさかったのだが、たぶん、歌舞伎を見てるのと同じ気分だったのだろう。歌舞伎につれていかれたら同じ目に遭ったとおもわれるが、残念ながら同行したことはなかった。

そういう題材としては、日本人の国民的共有物語としての『忠臣蔵』も同じである。赤穂事件をもとにした忠臣蔵は、事件が起こった直後から国民的な物語として語られ、演じられていて、大河ドラマでも過去4回、扱われている。

1975年の『元禄太平記』の主人公は石坂浩二の演じた柳沢吉保となっているが、実質の主人公は江守徹の大石内蔵助であり、だいたいの人は忠臣蔵だとおもって見ていた。私は当時、高校3年で、一緒に見ている祖父祖母に、これは忠臣蔵だから、と何度も説明した覚えがある。

忠臣蔵は、1964年の長谷川一夫、1975年のこの江守徹、1982年の緒形拳、1999年の五代中村勘九郎とほぼ十年おきくらいに作られていたが、21世紀にはいってからは製作されていない。

いま人気の講談師・神田伯山はしきりと忠臣蔵の講談を聞かせるから（というか、伯山にかぎらずすべての講談師はいつもいつも忠臣蔵ばかりを語っているといっても過言ではない。ちょっとだけ過言かも。いや過言ではない）そっち方面の人気から、21世紀の「忠臣蔵」が見られないかと期待している。

明治を舞台にしてぐだぐだになるより、元禄時代の大事件「赤穂事件」をあらたに取り上げたほうが話題になるとおもうが、たぶん何かの新しい視点を欲しがって、二の足を踏んでる感じがする。

忠臣蔵は、「江戸城内で刀を振り回した赤穂の殿様が切腹」という第一の大事件と、その一年九カ月後の「本所松坂町の吉良邸に侵入した赤穂浪士一党が吉良上野介以下二十数人を殺害」という第二の衝撃的大事件が描かれるお話で、当時の日本中に衝撃を与えた大事件が2つあって、でも事件はこの2つだけで、この2つだけだと3時間ドラマにはいいけど、一年ものとしては保たない。そのあいだの細かい話は講談師たちがいろんな話を加えて（ないしはないところから作り上げて）今日に伝えており、史実からずいぶんと離れてしまうが、でもそのエピソードたっぷりのほうが「忠臣蔵」はおもしろいんである。

1964年の長谷川一夫は見ていないのだが（つまり『ひよっこ』でヒロインみね子が真似していた「おのおのがた」というのは聞いたことがなく、芸人のモノマネでしか聞いたことがない。モノマネでは何回も聞いた。ホリが始めたキムタクの「ちょ、ちょ、待てよ」に匹敵する国民的イケメンのモノマネである）そのあとの大河忠臣蔵3本はしっかり見ていて、でも大河ドラマの忠臣蔵は、史実ぽく演じようとして、なんかちょっとおもしろさに欠けるような気がする。

1969年の放送の山村聡の『あゝ忠臣蔵』（フジテレビ系）は、講談ネタどおりの展開をみせてくれて、あれはとてもおもしろかったです。「南部坂雪の別れ」はこのドラマで見た以外は、寄席の講談でしか聞いたことがない。あ、いや、前の歌舞伎座の通し狂言のときも見たか。通し狂言を一日で見ると疲れるから記憶が混濁します。早野勘平や、山崎街道の猪が出てきてこその「忠臣蔵」だから、そういう講談で描かれている世界そのものの「忠臣蔵」を実写で見たいですな。

こういう長年の共有ドラマは、ぜったい、ベタなほうがいいんである。

そろそろもう一度国民で共有しなおしたほうがいいとおもう。2024年くらいに希望。

2017年柴咲コウの井伊直虎以降、女性主役がない。やはり明治時代ではなく、戦国時代の女性主役のほうが見応えがありそうで、また近いうちに復活するのではないかとおもう。ただまあ朝ドラヒロインとは違って、大河に主演したあと、あまりドラマに出なくなる、ということもあるので、そこそこ慎重になるのはしかたないところかもしれない。

朝ドラよりも大河のほうが大変そうで、でも失敗する可能性も朝ドラより高くて、なかなかむずかしいのだろう。がんばれ。がんばる。

大河ドラマ一覧

	放送年	タイトル	人物	主演	時代および内容
1	1963年	花の生涯	井伊直弼	尾上松緑	幕末(幕府)
2	1964年	赤穂浪士	大石内蔵助	長谷川一夫	江戸元禄期(赤穂事件)
3	1965年	太閤記	豊臣秀吉	緒形拳	戦国もの(秀吉)
4	1966年	源義経	源義経	尾上菊之助	源平の時代(平安末期)
5	1967年	三姉妹	永井家の三姉妹(架空)	岡田茉莉子・藤村志保 栗原小巻	幕末(幕府)
6	1968年	竜馬がゆく	坂本竜馬	北大路欣也	幕末(土佐)
7	1969年	天と地と	上杉謙信	石坂浩二	戦国もの(謙信)
8	1970年	樅ノ木は残った	原田甲斐	平幹二朗	江戸初期(伊達騒動1671年)
9	1971年	春の坂道	柳生宗矩	中村錦之助	戦国から江戸(家康)
10	1972年	新・平家物語	平清盛	仲代達矢	源平の時代(平安末期)
11	1973年	国盗り物語	斎藤道三・織田信長	平幹二朗・高橋英樹	戦国もの(信長)
12	1974年	勝海舟	勝海舟	渡哲也→松方弘樹	幕末(幕府)
13	1975年	元禄太平記	柳沢吉保	石坂浩二	江戸元禄期(赤穂事件)
14	1976年	風と雲と虹と	平将門	加藤剛	平安時代中期
15	1977年	花神	大村益次郎	中村梅之助	幕末(長州)
16	1978年	黄金の日日	呂宋助左衛門	市川染五郎	戦国もの(秀吉)
17	1979年	草燃える	源頼朝	石坂浩二・岩下志麻	源平から鎌倉初期
18	1980年	獅子の時代	平沼銑次・苅谷嘉顕 (架空・会津藩士)	菅原文太・加藤剛	幕末から明治
19	1981年	おんな太閤記	ねね(秀吉正室)	佐久間良子	戦国もの(秀吉)
20	1982年	峠の群像	大石内蔵助	緒形拳	江戸元禄期(赤穂事件)
21	1983年	徳川家康	徳川家康	滝田栄	戦国もの(家康)
22	1984年	山河燃ゆ	天羽賢治(架空・モデルあり)	松本幸四郎	昭和時代
23	1985年	春の波涛	川上貞奴	松坂慶子	明治から大正期
24	1986年	いのち	岩田未希(架空)	三田佳子	戦後日本
25	1987年	独眼竜政宗	伊達政宗	渡辺謙	戦国もの(政宗)
26	1988年	武田信玄	武田信玄	中井貴一	戦国もの(信玄)
27	1989年	春日局	春日局	大原麗子	戦国から江戸
28	1990年	翔ぶが如く	西郷隆盛・大久保利通	西田敏行・鹿賀丈史	幕末(薩摩)明治
29	1991年	太平記	足利尊氏	真田広之	南北朝時代
30	1992年	信長 KING OF ZIPANGU	織田信長	緒形直人	戦国もの(信長)
31	1993年	琉球の風 DRAGON SPIRIT	啓泰(架空・琉球人)	東山紀之	江戸初期
32	1993 ~94年	炎立つ	藤原経清・清衡・泰衡	渡辺謙・村上弘明	平安時代中期から末期
33	1994年	花の乱	日野富子	三田佳子	室町中期・応仁の乱
34	1995年	八代将軍吉宗	徳川吉宗	西田敏行	江戸中期
35	1996年	秀吉	豊臣秀吉	竹中直人	戦国もの(秀吉)
36	1997年	毛利元就	毛利元就	中村橋之助	戦国前中期・元亀以前
37	1998年	徳川慶喜	徳川慶喜	本木雅弘	幕末(幕府)
38	1999年	元禄繚乱	大石内蔵助	中村勘九郎(五代目)	江戸元禄期(赤穂事件)
39	2000年	葵 徳川三代	徳川家康・秀忠・家光	津川雅彦・西田敏行 尾上辰之助	戦国から江戸(家康・秀忠・家光)

40	2001年	北条時宗	北条時宗	和泉元彌	鎌倉期 元寇
41	2002年	利家とまつ ～加賀百万石物語	前田利家・まつ	唐沢寿明・松嶋菜々子	戦国もの(信長-秀吉)
42	2003年	武蔵 MUSASHI	宮本武蔵	市川新之助	戦国から江戸(家康)
43	2004年	新選組!	近藤勇	香取慎吾	幕末(幕府)
44	2005年	義経	源義経	滝沢秀明	源平の時代(平安末期)
45	2006年	功名が辻	千代(山内一豊の妻)	仲間由紀恵	戦国もの(秀吉-家康)
46	2007年	風林火山	山本勘助	内野聖陽	戦国もの(信玄)
47	2008年	篤姫	篤姫(天璋院)	宮﨑あおい	幕末・幕府
48	2009年	天地人	直江兼続	妻夫木聡	戦国から江戸
49	2010年	龍馬伝	坂本龍馬	福山雅治	幕末(土佐)
50	2011年	江 ～姫たちの戦国～	お江(徳川秀忠の妻)	上野樹里	戦国もの(秀吉-家康)
51	2012年	平清盛	平清盛	松山ケンイチ	源平の時代(平安末期)
52	2013年	八重の桜	新島八重	綾瀬はるか	幕末(会津)から明治
53	2014年	軍師官兵衛	黒田官兵衛	岡田准一	戦国もの(信長・秀吉・家康)
54	2015年	花燃ゆ	杉文(吉田松陰の妹)	井上真央	幕末(長州)から明治
55	2016年	真田丸	真田信繁(幸村)	堺雅人	戦国もの(秀吉)
56	2017年	おんな城主 直虎	井伊直虎	柴咲コウ	戦国もの(家康)
57	2018年	西郷どん	西郷隆盛	鈴木亮平	幕末(薩摩)から明治
58	2019年	いだてん ～東京オリムピック噺～	金栗四三・田畑政治	中村勘九郎(六代目) 阿部サダヲ	明治から昭和
59	2020年	麒麟がくる	明智光秀	長谷川博己	戦国もの(信長)
60	2021年	青天を衝け	渋沢栄一	吉沢亮	幕末(幕府)から明治
61	2020年	鎌倉殿の13人	北条義時	小栗旬	源平から鎌倉初期

注目度が半端ではない
朝ドラヒロインの世界

2021年4月からのNHK朝ドラ（連続テレビ小説）のヒロインが、清原果耶に決まった。

104作目の『おかえりモネ』は気象予報士をめざす女の子の話となるらしい。

地方にいる女の子が気象予報士を目指す話って、すでに見た覚えがあるんだけど（2002年の『まんてん』）ひさしぶりの現代劇でもある。

清原果耶は2002年生まれ。

ついに2000年代生まれが朝ドラのヒロインとなる時代に入ってしまった。

ただ飛び抜けて若いというわけではない。

清原果耶は19歳のときに主演することになるが、『わろてんか』の葵わかなも19歳だったし、『半分、青い。』のときの永野芽郁は18歳だった。『ファイト』の本仮屋ユイカは17歳だったし、古く『水色の時』の大竹しのぶも17歳だった。『てるてる家族』の石原さとみにいたっては16歳で主演だった。

19歳は、わりとふつうである。

オーディションはおこなわれていない。制作側が清原果耶を指名して主演に決まっている。

これで6作連続主演のオーディションなし、と言われている。たしかに主演はそうだけれど『エール』の妻役の二階堂ふみはオーディションで選ばれている。ドラマでも「椿姫」の主演を勝ち取るための審査に彼女が挑んでるシーンがあったが、二階堂ふみ自身がドラマ出演を賭けて歌を歌ったりするオーディションに臨んでいたのかとおもうと(声楽家の役なので歌審査もあったらしい)、ドラマからそのシーンを想像してしまって、何だかおもしろい。たしかに二階堂ふみの歌はなかなか迫力がある。柴咲コウともども、朝から感心して眺めている。

清原果耶から遡って、杉咲花、窪田正孝、戸田恵梨香、広瀬すず、安藤サクラと、この6人がオーディションで選ばれていないということになる。

その前の永野芽郁と葵わかなはオーディション選考である。

それ以前をまとめてみる。

オーディションを勝ち抜いた昔ながらの主演の人たち。

永野芽郁と葵わかな以前は、芳根京子、高畑充希、波瑠、土屋太鳳、能年玲奈（現・のん）、夏菜、尾野真千子、瀧本美織、倉科カナ、多部未華子、榮倉奈々、貫地谷しほり、比嘉愛未である。ここまでで2007年。

指名された、いわばその時点でエリートだったヒロイン（男性もいるので主人公が正しいが）は以下の人たち。

安藤サクラの前は、有村架純。玉山鉄二（ダブル主演で妻役のシャーロット・ケイト・

フォックスはオーディション選考)。吉高由里子。杏。堀北真希。井上真央。松下奈緒。三倉茉奈&佳奈。藤山直美。宮﨑あおい。

これが制作側が指名した主演である。脚本も「あて書き」なのが多いのだろう。

近年のオーディション選考なしの指名は、この2006年の宮﨑あおいから始まっているらしい。それ以前は、だいたいオーディション選考が行われている。

ヒロインの選ばれ方が変わってきた

オーディションをしないことが話題になるのは、「朝ドラの主演はオーディションを勝ち抜いたあまり知られていないこれからの女優さんがやるもの」というイメージが強かったからである。

実際、昭和の昔から、平成年間のまんなかあたりまではそうだったのだ。

2006年の宮﨑あおいから変わっていった。NHKが変わっていったということでもある。

視聴率を強く気にしはじめ、それを実際に制作側に指示しはじめたということだろう（たしかに2010年くらいからNHKの制作スタッフと話をすると、やたら視聴率というようになったなあ、という印象がある）。

それ以前は朝ドラであるだけで視聴率は20％以上が当たり前（1990年代は30％が当たり前、それ以前の昭和時代は40％が当たり前）だったからともいえる。まったく知られてない女優が半年間主役を務めても、かつてはみんな見てくれていたのだ。

それが過去の時代になってしまったのだ。2000年代（00年代）には20％を取らなくなってきて、そういう手法ではダメだとNHKもおもったのである。

いまでは、朝ドラのヒロインは「すでにドラマで何度も見た女優」が選ばれるのがふつうである。ドラマ主演の経験者が選ばれている。

清原果耶は、2015年の『あさが来た』で初めて見かけた。

主人公の生家、京都の豪商今井家の女中役だった。最初から、目に留まる女の子だった。

翌年のＮＨＫのドラマ『精霊の守り人』で主人公バルサ（綾瀬はるか）の少女時代を演じている。目ばかりがぎらぎらして、ぱっと見、少年のようであった。『あさが来た』の女の子らしい姿とは印象が全然ちがっていた。初めて人を殺して叫ぶシーンが強く印象に残る少女戦士だった。違う印象の役をＮＨＫドラマで演じて、彼女の可能性は広がったのだろう。

翌年は『セトウツミ』で、いまどきの女子高生役を演じた。高杉真宙、葉山奨之、片山友希らと独特の世界を作り出していて、魅力的だった。このときの魅力は、２０１９年の『俺の話は長い』でも同じだった。だいたい不機嫌そうな感じというのがいまどきの女性らしくて、ニートの叔父・生田斗真とのやりとりがやたらとリアルだった。

ＮＨＫでは２０１８年に『透明なゆりかご』、２０１９年に『螢草　菜々の剣』（地上波では２０２０年放送）に主演して、ＮＨＫのときは、わりと真面目な役になっちゃいますね。

朝ドラ『なつぞら』ではヒロインの妹役で、これは「いつもちょっと不機嫌そう」なほうの清原果耶だった。

一生懸命なのと、ちょっとハスに構えてるのと、どっちも清原果耶で、いかにもNHK御用達の十代女優というふうに仕上がっていった。

これはどう見ても朝ドラの主演になるのだろうとおもってはいたが、おもったより早く2021年の主演となった。

いちど、3年ほど前に「これからの朝ドラ主演候補」を考えてくれと週刊誌に頼まれたことがあって、そのときに答えたのは、「杉咲花、小芝風花、清原果耶」である。べつだん、ドラマをよく見てる人だったら、似たような回答になるとおもう。

これまでも朝ドラで印象的な役どころだった人から選んだだけである。

小芝風花も『あさが来た』に出演していて、これはヒロイン波瑠の娘役だった。

NHKでは『女子的生活』(2018年)、『トクサツガガガ』(2019年)に出て、NHKの特番「体感 首都直下地震ウイーク」での特別ドラマ『パラレル東京』で主演した。まさに「NHK子飼いの女優」というイメージで、朝ドラ主演候補のひとりであるのは間違いないだろう。

それぞれの朝ドラには主演以外に気になる俳優がいるものである。

『エール』だったら（これを書いてる時点で半分しか終わらず、まもなく新作のストックが尽きそうなところですが）ヒロインの姉役の松井玲奈と妹役の森七菜。レコード会社秘書役の加弥乃。

『スカーレット』では工房に手伝いにきていた黒島結菜。

『なつぞら』では清原果耶に、同い年の家族（義理の姉妹）の福地桃子。

『まんぷく』だとヒロインの姪役の岸井ゆきのおよび深川麻衣。ヒロインの親友役でここにも松井玲奈が出ていた。

『半分、青い。』だと友人系での奈緒と清野菜名。

『わろてんか』の女中・徳永えり、女芸人の広瀬アリス。

『ひよっこ』は、親友の佐久間由衣、同僚の松本穂香、藤野涼子、小島藤子。それからレストランの娘の島崎遥香。

女優限定でも次々と出てくる。このへんは今後のヒロイン候補に挙げられているはずである。

ドラマにもあまり出演したことがなく、いきなり朝ドラ主演に大抜擢というのは、ありそうだけれど、そうそうあるわけではない。

あまり古く遡って、樫山文枝や日色ともゑの話をしてもしかたないので、平成以降にかぎるとして、それでも32年ほどになるが（それだとだいたい見ている）、抜擢だったのはまず山口智子である。それまではコマーシャルなどに出ているだけのモデルであった。見たことはあったが、ドラマには出てなかった。

１９８８年『純ちゃんの応援歌』がドラマ初出演で、そのあと単発ドラマに出て、連ドラに出て、１９９２年からは連ドラでも主役となって連続出演。『いとこ同志』『ダブル・キッチン』『スウィート・ホーム』『29歳のクリスマス』『王様のレストラン』『ロングバケーション』と１９９０年代のドラマの中心にいた。『純ちゃんの応援歌』では、地味な役どころだったから（甲子園球児たちを迎える地味目の旅館の女将役）、その後の活躍は目映いばかりである（『純ちゃんの応援歌』は昭和63年に始まったが、途中改元があって平成元年春まで放送された平成時代最後の朝ドラである）。

平成以降の朝ドラで、抜擢だったメンバーを並べてみると、『和っこの金メダル』の渡辺梓、『走らんか！』の三国一夫、『あぐり』の田中美里、『やんちゃくれ』の小西美帆、『さくら』の高野志穂、『まんてん』の宮地真緒、『天花』の藤澤恵麻、あとは『どんど晴れ』の比嘉愛未くらいである。

『ぴあの』の純名里沙も朝ドラがテレビドラマ初出演だったが、もともと宝塚歌劇団のスターであり、宝塚公演ではさまざまな役を演じていたので、宝塚ファンには知らない人がいない女優だったわけで、抜擢ではあるがニュアンスがちょっと違う。演技経験は豊富だった。ドラマ出演後も宝塚に所属して花組の娘役トップだった（相手役は真矢みきだったらしい）。

抜擢された女優で、その後もふつうのドラマの主演（格）を複数務めたのは、このなかでいえば田中美里と比嘉愛未くらいである。

抜擢されて、そのままドラマ界のスターになるというのは、そうそうあるわけではない。

朝ドラ主演からそのままドラマの主役でありつづけた人は平成以降でみるなら、いまの山口智子、そのあとは鈴木京香、石田ひかり、松嶋菜々子、竹内結子、石原さとみくらいだろう。「宮﨑あおい以前」でＮＨＫの朝ドラが代表作だと言われないのは、このあたりのメンツである。

その少し前、昭和末期１９８０年代のメンバーで並べてみても、手塚理美、田中裕子、榎木孝明、沢口靖子、斉藤由貴、若村麻由美くらいになる。

ついでの１９７０年代も挙げてみるか。

大竹しのぶ。秋野暢子。熊谷真実。それぐらいですね。

朝ドラヒロインになると広く知られるが、そのヒロインでのみ記憶されてしまう人も多い。

それが「宮﨑あおい以降」は、ちがってくる。

宮﨑あおい以降だと、おそらく朝ドラが代表作とは言われなさそうな人ばかりが並ぶ。いくつかの特殊な例をのぞいて、みんな「朝ドラが代表作ではなさそう」な女優さんばかりなのだ。(特殊な例はたとえば能年玲奈。朝ドラ主演以降にほぼテレビに出ていない)。

いまはそういう時代である。

NHK朝ドラスタッフが特権意識を持たなくなったのだとも考えられる。

主役系と脇役系

朝ドラの主演以降は脇にまわって、いわゆる助演賞を取るタイプの人と、ずっと主役の人とに分かれる。まあ、ずっと主役の人も、やがて年をとると母親役にまわったりしてずっと主演ではないのだが、でも主役系と脇役系があるのはたしかである。

ずっと主役の人は、山口智子、鈴木京香、松嶋菜々子、竹内結子、石原さとみ、それから、宮崎あおい、多部未華子、松下奈緒、井上真央、堀北真希、杏、吉高由里子、波瑠、高畑充希、有村架純、広瀬すず、戸田恵梨香。

戸田恵梨香はすでに主役しかしない女優さんになっていたのに、それが朝ドラにやってきたって感じで、ずるいっちゃずるい。

多部未華子や高畑充希あたりは、けっこう地味な感じだったのに、2010年代の後半から2020年にかけて、ずっと連ドラの主役を演じている。その存在感が違ってきている。

華があって、朝ドラの前から主役で、その後もずっと主役というのは、宮崎あおい、堀北真希、吉高由里子、有村架純、広瀬すず、というあたりだろう。

井上真央と宮崎あおいは似ていて、もともと子役だったからその時代からの出演が多く、朝ドラの前に主役で何本も出演してたからコマーシャルにもたくさん出ていて、いまさら朝ドラ主演なんだとおもった二人である。そしてこの二人だけが、朝ドラヒロインのあとに大河ドラマの主人公にもなった。ちょっと別格である。
ただ大河ドラマが宮﨑あおいの『篤姫』はとても評価が高かったのに、井上真央の『花燃ゆ』はかなり厳しいものだったので、そのあとのイメージが違ってきていますね。でも2020年になると、どちらもあまりドラマの主役で見なくなってしまっている。そういう年齢にさしかかっているのだろうけど、ちょっと残念。

堀北真希も、2005年の『野ブタ。をプロデュース』から有名になり、次々とドラマ主演をして、その中のひとつに朝ドラの『梅ちゃん先生』もあるという感じだった。前から主役、あとも主役というメイン女優だったのに、結婚してほぼ引退というのは驚きである。かつて畠田理恵(『京、ふたり』のヒロイン)も結婚して引退したが、彼女の場合結婚相手が「日本将棋史上最強ともいえる歴史的棋士・羽生善治」だからまあ納得したんだけど、堀北真希の引退状態にはまだ納得できていない。

杏は、朝ドラに出る前からいくつも主演、朝ドラ後もだいたいドラマ主演という王道の女優さんである。結婚出産によって、出ずっぱりではないが、それでも出産後の女優さんとしては、かなり出てるとおもう。

吉高由里子も朝ドラが1つのステップにしか見えないくらい、いろいろと主演を演じていて、どこにも無理がない。

なんか並べてみると、吉高由里子こそが、王道中の王道を歩む女優さんに見えてくる。

朝ドラが代表作にならないどころか、朝ドラのヒロインだったのか、と驚かれるレベル、つまり朝ドラ出演を忘れられてしまうほど、あとの活躍が目立つメンバーを並べてみる。

大竹しのぶ、沢口靖子、山口智子、松嶋菜々子、竹内結子、石原さとみ、宮﨑あおい、堀北真希、吉高由里子。

有村架純と広瀬すずもそれに入るとおもうが、まだ朝ドラが終わって間もないので、朝ドラ主演を忘れられている、とは言いにくい。でも、五年もすればそうなっているとおもう。

朝ドラは「とても視聴率の高い連続ドラマ」であって、昔も今もそれは変わらない。いまどき2020年代になっても平均視聴率が20％を切ったら評判が悪いといわれるドラマ枠はここだけである。昭和時代は視聴率が40％だったというのは、想像しにくい。日本全国のテレビのチャンネルが、朝だけ動かせなくなっていたんじゃないかとおもってしまうくらいだ。

注目度は半端ではない。

ただその「ドラマ枠の強さ」を越える強さを持っている女優さんがときどき出演して、それはいま並べた人たちということになる。すげえ強い人たちだ。

ドラマ枠の強さを越える存在感のある女優は、そんなにはいない、ということでもある。

朝ドラの歴史

	タイトル	年	主演(★男性)
1	娘と私	1961	★北沢彪
2	あしたの風	1962	渡辺富美子
3	あかつき	1963	★佐分利信
4	うず潮	1964	林美智子
5	たまゆら	1965	★笠智衆
6	おはなはん	1966	樫山文枝
7	旅路	1967	★横内正・日色ともゑ
8	あしたこそ	1968	藤田弓子
9	信子とおばあちゃん	1969	大谷直子
10	虹	1970	南田洋子
11	繭子ひとり	1971	山口果林
12	藍より青く	1972	真木洋子
13	北の家族	1973	高橋洋子
14	鳩子の海	1974	藤田美保子
15	水色の時	1975前	大竹しのぶ
16	おはようさん	1975後	秋野暢子
17	雲のじゅうたん	1976前	浅茅陽子
18	火の国に	1976後	鈴鹿景子
19	いちばん星	1977前	高瀬春奈→五大路子
20	風見鶏	1977後	新井春美
21	おていちゃん	1978前	友里千賀子
22	わたしは海	1978後	相原友子
23	マー姉ちゃん	1979前	熊谷真実
24	鮎のうた	1979後	山咲千里
25	なっちゃんの写真館	1980前	星野知子
26	虹を織る	1980後	紺野美沙子
27	まんさくの花	1981前	中村明美
28	本日も晴天なり	1981後	原日出子
29	ハイカラさん	1982前	手塚理美
30	よーいドン	1982後	藤吉久美子
31	おしん	1983	田中裕子→乙羽信子
32	ロマンス	1984前	★榎木孝明
33	心はいつもラムネ色	1984後	★新藤栄作
34	澪つくし	1985前	沢口靖子
35	いちばん太鼓	1985後	★岡野進一郎
36	はね駒	1986前	斉藤由貴
37	都の風	1986後	加納みゆき
38	チョッちゃん	1987前	古村比呂
39	はっさい先生	1987後	若村麻由美
40	ノンちゃんの夢	1988前	藤田朋子
41	純ちゃんの応援歌	1988後	山口智子
42	青春家族	1989前	いしだあゆみ・清水美砂
43	和っこの金メダル	1989後	渡辺梓
44	凛凛と	1990前	★田中実(荻野目洋子)
45	京、ふたり	1990後	山本陽子・畠田理恵
46	君の名は	1991	鈴木京香(★倉田てつを)
47	おんなは度胸	1992前	泉ピン子・桜井幸子
48	ひらり	1992後	石田ひかり
49	ええにょぼ	1993前	戸田菜穂
50	かりん	1993後	細川直美

51	ぴあの	1994前	純名里沙
52	春よ、来い	1994後 (～1年)	安田成美→中田喜子
53	走らんか!	1995後	★三国一夫
54	ひまわり	1996前	松嶋菜々子
55	ふたりっ子	1996後	岩崎ひろみ・菊池麻衣子
56	あぐり	1997前	田中美里
57	甘辛しゃん	1997後	佐藤夕美子
58	天うらら	1998前	須藤理彩
59	やんちゃくれ	1998後	小西美帆
60	すずらん	1999前	遠野凪子
61	あすか	1999後	竹内結子
62	私の青空	2000前	田畑智子
63	オードリー	2000後	岡本綾
64	ちゅらさん	2001前	国仲涼子
65	ほんまもん	2001後	池脇千鶴
66	さくら	2002前	高野志穂
67	まんてん	2002後	宮地真緒
68	こころ	2003前	中越典子
69	てるてる家族	2003後	石原さとみ
70	天花	2004前	藤澤恵麻
71	わかば	2004後	原田夏希
72	ファイト	2005前	本仮屋ユイカ
73	風のハルカ	2005後	村川絵梨
74	純情きらり	2006前	宮﨑あおい
75	芋たこなんきん	2006後	藤山直美
76	どんど晴れ	2007前	比嘉愛未
77	ちりとてちん	2007後	貫地谷しほり
78	瞳	2008前	榮倉奈々
79	だんだん	2008後	三倉茉奈・三倉佳奈
80	つばさ	2009前	多部未華子
81	ウェルかめ	2009後	倉科カナ
82	ゲゲゲの女房	2010前	松下奈緒
83	てっぱん	2010後	瀧本美織
84	おひさま	2011前	井上真央
85	カーネーション	2011後	尾野真千子→夏木マリ
86	梅ちゃん先生	2012前	堀北真希
87	純と愛	2012後	夏菜
88	あまちゃん	2013前	能年玲奈
89	ごちそうさん	2013後	杏
90	花子とアン	2014前	吉高由里子
91	マッサン	2014後	★玉山鉄二・C・K・フォックス
92	まれ	2015前	土屋太鳳
93	あさが来た	2015後	波瑠
94	とと姉ちゃん	2016前	高畑充希
95	べっぴんさん	2016後	芳根京子
96	ひよっこ	2017前	有村架純
97	わろてんか	2017後	葵わかな
98	半分、青い。	2018前	永野芽郁
99	まんぷく	2018後	安藤サクラ
100	なつぞら	2019前	広瀬すず
101	スカーレット	2019後	戸田恵梨香
102	エール	2020前	★窪田正孝(二階堂ふみ)
103	おちょやん	2020後	杉咲花
104	おかえりモネ	2021前	清原果耶

あとがき

インターネットで書いた記事をもとに本にしている。
ひとつは現代ビジネス　https://gendai.ismedia.jp
こちらに書いたテレビドラマに関するコラムのいくつかをもとにして、この本に掲載した。

もうひとつはヤフーニュース。
『堀井憲一郎　日本的エンターテイメント見聞』
https://news.yahoo.co.jp/byline/horiikenichiro
というコーナーがあり、そこに書いているドラマコラムをもとにしている。

どれも加筆している。ほぼ原型が残ってないほど加筆したものもあれば、少し直しただけ、というものもある。

タイトルにした高畑充希の記事はヤフーの２０１９年11月30日の記事。

「『同期のサクラ』の高畑充希が示す若者像　忖度できない人はどうなっていくのか」

というコラムをもとにしている。

ちなみにヤフーの記事のタイトルは、私が付けている。現代ビジネスのほうのタイトルは担当の編集者（講談社の編集者）が付けている。

書き下ろしの本を一冊書くときには、だいたい30冊から50冊ほどの本を資料として読むものだが、この本を書くためには、ほぼ本を読んでいない。

そのぶん、ドラマを見た。

本を50冊読むより、ドラマを50本チェックするほうが、とにかく時間がかかる。

「本を書くために本を読む」というのは、ふつうの読書とは違って純粋に職人的な作業であるから、慣れると速い。一日で3、4冊は（ものによってはもっと）処理できる。端から端まで読むのではなくて、著者の根本の気分と方向性を見抜いたうえで、自分に必要な部分だけを引き抜いてくる作業なので、そんなにかからない。

でもドラマを見るのは時間がかかる。まとめてみると混乱する。

また、ドラマはやはりストーリーよりも役者の存在感がとても大事なのだということがわかる。

人気ドラマに出る役者が限られているということも痛感する。同じようなメンバーが組み合わせを変えて登場しているばかりだ。

やはり役者はその「身体性」が売りで、ただ出てるだけで人を惹きつける役者というのあまり多くないからだろう。とにかくここ20年ほどのドラマでは藤木直人と谷原章介に頼りすぎだろ、とちょっとおもいました。二人の出演回数は尋常ではない。

この本で取り上げた役者は、たぶん10年後もよく見る役者であるとはおもうが、ひょっとしたら何人かは抜けているのかもしれない。それは10年後にならないとわからない。

じゃまた10年後に。

Profile

堀井憲一郎 ●ほりい・けんいちろう

コラムニスト。1958年京都市生まれ。早稲田大学第一文学部卒業。徹底的に調査して書くというスタイルで、雑誌「テレビブロス」の草創期にカウントダウン・コラムニストとして、名物コラム「かぞえりゃほこりのでるTV」を連載。その後、「週刊文春」連載で人気を博し、テレビ・ラジオにも活動の場を広げる。著書に『ホリイのずんずん調査 かつて誰も調べなかった100の謎』(文藝春秋)、『東京ディズニーリゾート便利帖』(新潮社)、『愛と狂瀾のメリークリスマス』(講談社現代新書)、『ねじれの国、日本』(新潮新書)、『いますぐ書け、の文章法』(ちくま新書)、『1971年の悪霊』(角川新書)、『ボーっとディズニーランド行ってんじゃねーよ』(双葉社)、『教養として学んでおきたい落語』(マイナビ新書)、『文庫本は何冊積んだら倒れるか』(本の雑誌社)、『平成が終わったらテレビからいなくなってたものたち』(東京ニュース通信社)などがある。

高畑充希が演じる役は
なぜ忖度できない若者ばかりなのか

第1刷　2020年7月1日

著　者　　堀井憲一郎

発行者　　田中賢一

発　行　　株式会社東京ニュース通信社
〒104-8415　東京都中央区銀座7-16-3
電話03-6367-8004

発　売　　株式会社講談社
〒112-8001　東京都文京区音羽2-12-21
電話03-5395-3608

印刷・製本　株式会社シナノ

ブックデザイン　長谷部貴志（長谷部デザイン室）

ISBN978-4-06-519092-0